como transformar

A TERCEIRA IDADE

na melhor idade

Dr. LUIZ FREITAG
Médico Geriatra
Especialista pela Sociedade Brasileira de Geriatria e Gerontologia
Co-fundador da Seção São Paulo da mesma sociedade

como transformar A TERCEIRA IDADE na melhor idade

EDITORA ALAÚDE

Dados Internacionais de Catalogação na Publicação (CIP)
(Câmara Brasileira do Livro, SP, Brasil)

Freitag, Luiz
Como transformar a terceira idade na melhor idade /
Luiz Freitag. -- São Paulo : Alaúde Editorial, 2005.

Bibliografia.
ISBN 85-98497-32-0

1. Conduta de vida 2. Envelhecimento - Aspectos psicológicos 3. Geriatria 4. Gerontologia 5. Idosos - Fisiologia 6. Idosos - Saúde e higiene I. Título.

05-8259 CDD-612.67
NLM-WT 104

Índices para catálogo sistemático:
1. Envelhecimento : Fisiologia humana :
Ciências médicas 612.67

Editor
Antonio Cestaro

Revisão
Joana M. M. Garcia

Projeto Gráfico e Editoração Eletrônica
Walter Cesar Godoy

Alaúde Editorial Ltda.
R. São Paulino, 221 - CEP 04019-040 - São Paulo - SP
Telefax: (11) 5572-9474 / 5579-6757
alaude@alaude.com.br
www.alaude.com.br

Índice

Para minha Léa.
Namorada, esposa, revisora, crítica.
ENVELHEÇA COMIGO!

Para minha filha Rosa Cecilia.
O melhor ainda virá para você!

Melanie, minha netinha de seis anos.
Logo começará a ler e a entender o mundo.

Sônia, a sogra ideal.
Aos noventa anos, símbolo da velhice feliz.
Memória impecável, inteligência e bondade.

Ao Prof. Dr. Luiz Venere Décourt

Com quem aprendi, além da prática clínica,
preceitos éticos, conforme as palavras
do seu Credo:

CREIO NA MEDICINA QUE SERVE OS DOENTES
E NUNCA SE SERVE DELES.

Apresentação

COMO TRANSFORMAR A TERCEIRA IDADE NA MELHOR IDADE

A mente humana nunca aceitou bem o processo da senescência e do nosso extermínio, por isso a história registra tentativas continuadas de busca da perpetuação da existência humana.

Charles Brown-Sequard, no século XIX, prometia a restauração do vigor físico e o prolongamento da vida através de injeções de extratos de testículo de cobaia, nada indicando que tenha atingido seus objetivos. René Descartes, por sua vez, no século XVII, tentou compreender e explicar o processo do envelhecimento e, provavelmente, não teve sucesso, já que morreu aos 54 anos. William Shakespeare, no século XVI, mais modesto, não tentou impedir ou explicar a senescência, apenas descreveu-a através de Jacques, na peça *Como gostais* ("As you like it"): "as pernas finas, dançavam soltas dentro de calças cada vez mais folgadas...".

Passaram-se os séculos, a ciência médica viu-se lançada num mar de novas descobertas, estamos próximos de desvendar os segredos que envolvem a origem da vida; apesar disso, continuamos longe de entender os processos do envelhecimento e da morte, inexoráveis e ainda incontornáveis.

O que fazer diante da nossa completa impotência para prolongar a existência? Sem uma resposta simples, o único caminho é tentar expandi-la no seu caráter multidimensional. Isso significa compreender e aceitar o processo do envelhecimento, atenuando suas mazelas e ajudando nosso organismo e o nosso espírito, até onde possível, a reparar as injúrias impostas pelo passar dos anos.

É nesse contexto que se pode valorizar o presente livro. Luiz Freitag, com a vida dedicada ao estudo e tratamento dos males que afetam homens e mulheres da terceira idade, apresenta textos de aparente simplicidade, mas de substrato rico e, também, enriquecedor. Ao percorrê-los, o leitor irá saborear os encantos que envolvem os escritos do autor. Mais do que isso, compreenderá um pouco melhor os mistérios da senescência, aprendendo a postar-se frente a ela e aproximando-se daquele desejo existencial que não tem contestadores. Viver feliz, que, ao final, é o que conta.

Miguel Srougi
Professor Titular de Urologia
Disciplina de Urologia da Escola Paulista de Medicina da Unifesp
Disciplina de Urologia da Faculdade de Medicina da USP

Prefácio

"O homem nunca é velho enquanto estiver buscando alguma coisa."
Jean Rostand

O FUTURO DO ENVELHECIMENTO

Shakespeare, numa de suas melhores peças cômicas, "Como gostais" ("As you like it"), escrita em 1600, observa: "Um homem em seu tempo tem diferentes papéis e seus atos pertencem a sete idades, que seriam os períodos de sua vida: primeira infância, infância, adolescência, juventude, maturidade, velhice e, finalmente, decrepitude."

Transcorridos vários séculos, chegamos aos anos 40 e 50 do século XX, quando o conceito generalizado sobre as fases de vida do homem se reduzem a apenas três períodos: juventude, meia-idade e enfermidade...

O desenvolvimento científico e tecnológico da Medicina na área do envelhecimento acelerou-se a partir dos anos 50, após a Segunda Guerra Mundial. Em nossos dias, no alvorecer dos primeiros anos do século XXI, o mundo se depara com a existência de pessoas da chamada "terceira idade" (65 anos nos países mais desenvolvidos e 60 nos países em desenvolvimento, como o Brasil).

No mundo inteiro assiste-se a um novo fenômeno – a maior sobrevida de pessoas acima dessas faixas etárias. É uma novidade a ser absorvida e administrada a curto prazo, porque todos passarão a buscar longevidade, qualidade de vida e inserção à sociedade. É o caso do Japão, exemplo de atenção aos seus idosos. É comum observar nas ruas pessoas com mais de 80 anos exercendo uma ocupação e fazendo a sua parte na comunidade.

Com a divulgação maciça de informações médicas em todos os meios de comunicação fica-se com a impressão de que para ter uma boa velhice é necessário seguir um regime alimentar adequado, tomar remédios com recomendação médica, fazer longas caminhadas diárias, ter uma vida ao ar livre, não fumar, saber conviver com o estresse, evitar a obesidade, e por aí afora. Esquece-se da importância dos fatores genéticos como marcadores de sobrevivência. Em poucos anos, as pesquisas genéticas em andamento trarão mudanças no atual conceito de velhice.

Valores como gentileza, honestidade, paciência, generosidade, resignação e, principalmente, tolerância precisam ser cultivados, tanto pelas pessoas idosas, como por aquelas que fazem parte do seu convívio.

"Saber envelhecer é obra mestra da sabedoria e uma das partes mais difíceis da grande arte de viver" – escreveu Amiel, poeta e filósofo suíço, do século XIX.

Existirá, algum dia, a velhice ideal? O que está ocorrendo em nossos dias mostra que os chamados anciãos de outrora não querem mais ter essa denominação. Os moços não mais os veneram, como outrora – há uma mudança cultural acelerada. Não há memória, e os mais jovens não têm a mínima idéia do que representaram personalidades ainda vivas que atuaram num passado recente. Quem não está na mídia é considerado morto!

De qualquer forma, o envelhecimento da população mundial gerou importantes conseqüências socioeconômicas, bem como materiais e psíquicas. O desenvolvimento da biogenética e os novos métodos de tratamento médico estão levantando uma questão que transcende a idéia de qual seria a idade máxima a ser atingida pelo ser humano. Hoje, a ciência está mais preocupada em constatar se esse modo de envelhecer é o ideal.

Como bem disse Aristóteles, na sua obra "Política":

"A arte da cura aspira a produzir saúde ilimitada e todas as artes aspiram a um objetivo próprio, sem limites; desejam isso no mais alto grau; por outro lado, os meios em direção aos fins não são ilimitados; o fim, em si mesmo, estabelece um limite para cada caso."

Dr. Luiz Freitag

Introdução

O GERIATRA - COMO ELE ATUA

Para que consultar um geriatra, se a família já conta com um médico de confiança, há muitos anos? Afinal, qual é a atuação do geriatra?

O médico americano I. L. Nascher é considerado o pai da Geriatria moderna. Ele sempre se interessou pelo processo de envelhecimento e, em 1912, fundou a Sociedade de Geriatria de Nova York. De 1914 é seu primeiro texto sobre essa especialidade. Em 1917, foi criada a primeira seção dedicada à Geriatria na revista médica editada pelo Dr. Nascher. Em 1942, esse médico pioneiro participou da fundação da Sociedade Americana de Geriatria.

Trata-se de um ramo da ciência médica, cujo foco é a promoção da saúde, como também o tratamento de doenças e incapacidades nas pessoas mais idosas. Sabe-se que idosos reagem de forma diferente ao tratamento das mesmas doenças que podem acometer as pessoas mais jovens. O geriatra deve entender a complexidade de síndromes que atingem os mais velhos e estar preparado para tratar essas múltiplas doenças.

Hoje em dia, o preparo para uma velhice mais saudável começa após os trinta e cinco anos, quando já vem o declínio da juventude.

Pessoas idosas reagem às doenças de forma diversa dos mais jovens. Assim, o geriatra deve ter uma compreensão específica para cuidar de múltiplas doenças que outros especialistas não estão habituados a tratar. O geriatra aplica sua experiência desenvolvendo planos de cuidados de saúde adequados às necessidades dessas pessoas.

Em algumas situações, o especialista precisa se valer de profissionais paramédicos, como enfermeiro com experiência em idosos, fisioterapeuta, fonoaudiólogo, assistente social e nutricionista. Em muitos países existe um novo especialista: o geropsiquiatra.

Os cuidados complementares, como dar banho, vestir, alimentar, auxiliar a andar devem ser praticados na própria residência do paciente. Apenas quando essas medidas não são mais possíveis, o idoso passa a ser encaminhado para uma casa de saúde ou hospital adequado.

Todas as pessoas com mais de sessenta e cinco anos necessitam de geriatra? Não. Com a proliferação de informações nos meios de comunicação e cursos para a chamada terceira idade, muitas pessoas não apresentam tantas deficiências e doenças, como há vinte anos. O geriatra deve ser consultado quando as condições de saúde trazem fragilidade e prejuízo às atividades diárias. Esses pacientes já apresentam uma gama de doenças, podendo ter deficiências cognitivas, inclusive lapsos de memória.

Há trinta ou quarenta anos, a Geriatria não estava tão desenvolvida para orientar esses pacientes que, na época, estariam na faixa dos trinta anos. O médico deve observar antecedentes familiares relativos a: problemas cardíacos, hipertensão arterial, diabetes, doenças neurológicas e genéticas.

Em nossos dias, a violência nas ruas e o estresse dos membros da família afetam muito mais os idosos, porque eles se preocupam com o que pode acontecer aos filhos e netos.

Deve-se iniciar a prevenção antes da esperada aposentadoria; embora o número de geriatras no Brasil ainda seja pequeno para atender a todas as pessoas dessa faixa etária.

Com o recurso do mapeamento total, realizado pelo Projeto Genoma, e a utilização das células-tronco embrionárias, que têm a capacidade de formar qualquer tipo de tecido, como sangue e neurônios, a Geriatria torna-se, cada vez mais, a Medicina do futuro.

Os capítulos que seguem são uma coletânea dos mais importantes artigos escritos pelo autor e, muitos deles, publicados com o objetivo de esclarecer e oferecer ao público leitor um conjunto de informações e conceitos preciosos sobre as melhores maneiras de transformar a terceira idade na melhor idade.*

* Nota do Editor

ALIMENTAÇÃO

Alimentação saudável

Parece contraditório, pois a princípio todos os alimentos deveriam proporcionar saúde, mas nem sempre isso ocorre, principalmente depois dos quarenta anos.

Em qualquer idade é recomendável a ingestão de alimentos com menor quantidade de gordura animal e, portanto, menos colesterol. Verduras, legumes e frutas são imprescindíveis, por causa de suas fibras. A observância desses cuidados alimentares pode prevenir certos tipos de doenças cancerosas e coronarianas.

Já na Grécia Antiga, o poeta Homero exaltava as propriedades do azeite, que considerava "ouro líquido". Além de ser útil para a iluminação, ajudava a diminuir o risco de doenças. O azeite sempre fez parte da saborosa culinária dos países banhados pelo Mar Mediterrâneo, que abrange três continentes: Europa, Ásia e África.

A diferença cultural entre esses países produziu uma culinária diferenciada, atualmente difundida para outros povos, denominada "dieta do Mediterrâneo" –, com a predominância de alimentos crus ou pouco cozidos.

Estudos recentes comprovam os efeitos benéficos do azeite extra-virgem na redução do LDL (mau colesterol). O melhor azeite extra-virgem, segundo especialistas, é extraído da primeira prensagem a frio, com acidez até 1%.

A composição balanceada de alimentos nas refeições diárias é um fator importante em qualquer faixa etária, particularmente para as pessoas que já atingiram a terceira idade.

A alimentação ideal é aquela que contém uma porção de carboidratos, a principal fonte de energia matinal, como pão e cereais no café da manhã. O açúcar, nas diversas formas, deve ser reduzido desde a infância, pois seu excesso pode levar à obesidade. Hoje em dia, utilizam-se adoçantes sintéticos à base de aspartame, que não trazem efeitos danosos ao organismo e são indicados aos diabéticos.

Restaurantes caros e famosos estão procurando eliminar as chamadas "gorduras trans", resultantes do cozimento com óleos hidrogenados, principalmente por estimular o aparecimento de depósitos de gordura nas artérias (mau colesterol), provocando lesões cardíacas e até o temível infarto. Por esse motivo, a substituição está sendo feita pelo azeite extra-virgem, também nas frituras, embora ainda não tenha sido determinada a quantidade diária favorável. Os restaurantes americanos já adotaram essa conduta inovadora no preparo dos alimentos.

Na refeição da manhã devemos ingerir uma porção de leite e derivados, como queijo branco e ricota, e ainda uma boa quantidade de frutas – três, pelo menos, durante o dia. Não se pode esquecer das folhas e legumes, como agrião, rúcula, alface, brócolis, espinafre, além do tomate, que contém licopeno, protetor da próstata.

A alimentação balanceada para todas as idades, durante o dia, deve conter 50% de grãos variados, 10% de derivados da soja, 25% de folhas, legumes e frutas e 15% da parte branca do frango ou peixe, incluindo sementes de gergelim e algas. O sal e o açúcar devem ser reduzidos ou até abolidos, conforme a prescrição médica.

Recomenda-se o mínimo de seis copos de água por dia ou um litro, sempre nos intervalos entre as refeições. Para despertar o apetite, nada melhor que a atividade física de meia hora por dia.

Doces diet e light

O chocolate, não só para as crianças, mas também para os idosos, é sempre uma delícia, e faz parte de todas as festas, como aniversários, Páscoa e Natal.

Os primeiros povos que adotaram em suas tradições o ovo de Páscoa foram os teutônicos, de origem germânica. Eles tinham o hábito de trocar com os amigos e parentes ovos de galinha ou de pata, tingidos e esculpidos com desenhos coloridos.

O cacau, matéria-prima do chocolate, só foi introduzido pelos Maias em 1500 a.C., e os doces feitos com chocolate eram considerados alimentos dos deuses, somente consumidos pelos sacerdotes. Em 1834, surgiu na Europa, entre os anglo-saxões, a indústria do chocolate, que passou a fabricar o ovo de Páscoa com o formato que conhecemos hoje.

Os ingleses foram os primeiros povos a adotar o coelho como símbolo da Páscoa, pelo significado de vida e fertilidade, devido à sua rápida proliferação. No Brasil, o costume de distribuir ovos de Páscoa foi iniciado pelos imigrantes alemães no Rio Grande do Sul, entre 1913 e 1920. Em 1970, chegou ao Brasil a Colomba Pascal, que é uma tradição italiana, feita de massa, passas, frutas cristalizadas e gotas de chocolate.

É inegável a predileção de todos pelo chocolate. No entanto, é preciso observar a moderação, pelos danos que o abuso de chocolates e doces pode provocar, principalmente nos diabéticos. A degustação do chocolate estimula maior produção da endorfina, que é produzida no cérebro, levando a uma sensação de bem-estar. O que não se aconselha é o exagero, responsável pelo aumento do peso, alterações nos níveis de colesterol e nas taxas de glicemia.

Uma boa notícia foi divulgada pela American Heart Society: pesquisa realizada em vinte pacientes hipertensos mostrou que o consumo diário de cem gramas de chocolate amargo reduziu a pressão arterial e o LDL (mau colesterol). Essa redução deve-se à presença de flavonóides, substâncias também encontradas no vinho, mas em menor quantidade. Esses flavonóides quase não existem no chocolate ao leite e no branco.

Felizmente, em nossos dias, já se encontram produtos dietéticos, sem açúcar ou sacarose, o que favorece os diabéticos. Existem vários adoçantes químicos, como ciclamatos, aspartame e estévia; o mais utilizado é o aspartame, composto sintético com dois aminoácidos: fenilanalina e ácido aspártico. Não é recomendado para mulheres grávidas e também é contra-indicado aos portadores de fenilcetonúria, cujo diagnóstico é feito na hora do nascimento, pelo teste do pezinho.

O adoçante mais recomendado é estévia, extraído da planta Stevia Rebaudiana, que se encontra na fronteira do Brasil com o Paraguai. Não há restrição ao seu consumo, mesmo para diabéticos. Não provoca cáries, e adoça até 300 vezes mais que o açúcar. O Japão é o país que mais utiliza a estévia, em centenas de produtos naturais e dietéticos.

Os chamados produtos *light* não são indicados aos diabéticos, porque levam na sua composição açúcar e adoçante artificial. No caso dos produtos *diet* é aconselhável verificar na embalagem a composição de carboidratos e de adoçantes, para evitar uma provável obesidade, causada pelo consumo excessivo de produtos considerados dietéticos.

Houve um aumento da oferta de produtos *diet* e *light*, dirigidos às pessoas que querem fazer regime; mas, como em tudo na vida, deve haver o meio-termo. É preciso lembrar as palavras sábias de Aristóteles. afastando-se dos extremos, pois "a virtude está no meio": ("In medio virtus").

Vitaminas e sais minerais

Vitaminas são substâncias orgânicas importantes para o funcionamento geral do organismo, como também para o processo de cicatrização. Recentemente, em congresso da Sociedade Brasileira de Alimentação e Nutrição, foram aprovadas mudanças nas dosagens diárias de vitaminas, de acordo com o sexo e a faixa etária. No que se refere às pessoas idosas, há diversas vitaminas e sais minerais que colaboram para o melhor funcionamento do organismo.

Vitamina A – A dose diária ideal é de 900 microgramas para homens e 700 para mulheres. Essa vitamina protege a pele e a visão, prevenindo a degeneração macular – lesão grave dos olhos. Encontra-se em diversos legumes, como abóbora, cenoura e espinafre.

Vitamina B1 – A dose diária para homens é de 1,2 miligramas e 1,1 para mulheres. É conhecida como tiamina e tem qualidades energéticas. Encontra-se na ervilha fresca, arroz branco e feijão carioca.

Vitamina B2 – A dose ideal para homens é de 1,3 miligramas e 1,1 para mulheres. Age na prevenção de catarata. Encontra-se em fatias de mussarela, bife de carne e filé de frango.

Vitamina B6 – A dose diária para homens e mulheres é de 1,3 miligramas. É importante para o cérebro, pois ajuda os neurotransmissores, como a serotonina, sempre associada ao bem-estar. Encontra-se na picanha, batata cozida e banana prata.

Vitamina B12 – A dose diária para homens e mulheres é de 2,4 microgramas. Tem ação benéfica nas doenças cardiovasculares. É encontrada no filé mignon, fígado de boi e queijo prato.

Vitamina C – A dose diár a para homens é de 90 miligramas e 75 para mulheres. Tem ação comprovada na prevenção do enfarte do miocárdio, como também da catarata. Não previne resfriados. Encontra-se em frutas de cor vermelha, como goiaba e melancia, além do kiwi; e legumes, como o pimentão amarelo.

Vitamina D – A dose ideal é de 5 microgramas, para homens e mulheres. Está presente no queijo, leite e outros derivados. O ideal é tomar banhos de sol pela manhã, entre oito e dez horas, quando estão presentes os raios infra-vermelhos, que estimulam a absorção do cálcio e fósforo, fortificando os ossos e prevenindo osteoporose.

Vitamina E – A dose ideal é de 15 miligramas para homens e mulheres. Encontra-se em amêndoas, castanhas e nozes. Há vários estudos comprovando a sua ação benéfica contra câncer de próstata e aterosclerose. Doses bem mais elevadas estão sendo avaliadas no tratamento da Doença de Alzheimer.

Entre os sais minerais destacamos cobre, ferro, fósforo, magnésio, potássio, selênio e zinco.

Cobre – A dose ideal é a mesma para homens e mulheres: 900 microgramas. Tem ação na prevenção da anemia e fadiga. Encontra-se no grão de bico, feijão branco e lentilha.

Ferro – A dose ideal é de 8 miligramas para homens e 18 para mulheres. Favorece a melhora da anemia, tanto em homens como em mulheres, e ajuda a repor o sangue que a mulher perde durante a menstruação. Encontra-se em maior quantidade no coração de galinha, posta de atum e em carnes, como a picanha.

Fósforo – A dose ideal é de 700 miligramas para homens e mulheres. Une-se ao cálcio, principalmente para ajudar na mineralização óssea. É encontrado na gema do ovo, queijo de Minas e castanha-do-pará.

Magnésio – A dose ideal é de 420 miligramas para homens e mulheres. A ausência de magnésio provoca a má absorção de proteínas e carboidratos, além de produzir irritabilidade. Está presente no espinafe, abobrinha e batata cozida.

Potássio – A dose ideal é de 2000 miligramas para homens e mulheres. Regula a pressão arterial, mantém a força muscular, bem como o equilíbrio de todos os líquidos do organismo. Encontra-se na rúcula, batata doce, feijão preto e banana.

Selênio – A dose ideal é de 55 microgramas para homens e mulheres. Auxilia na prevenção do câncer de próstata e no combate aos radicais livres. Encontra-se em grande quantidade na castanha-do-pará (apenas uma castanha já concentra 55 microgramas), na truta e na escarola.

Zinco – A dose ideal é de 11 miligramas para homens e 8 para mulheres. Une-se às enzimas, auxiliando no emagrecimento, reforça o sistema imunológico do organismo, bem como tem ação antioxidante e cicatrizante. O uso de diuréticos pode aumentar a eliminação desse mineral. Em pessoas com mais de setenta anos o excesso na ingestão de cálcio e ferro prejudica a absorção do zinco. Ele não é produzido no corpo humano e, por isso, a sua ingestão é feita através de alimentos, como carne, peixe, fígado, ostras, leite, ovos, legumes e farelo de trigo. Se ocorrer proibição médica para esses alimentos, a sua ingestão poderá ser feita através de comprimidos em doses cem vezes maiores do que os outros sais minerais.

Estudos realizados recentemente na Universidade de Aberdeen (Escócia) em mais de 900 pessoas, entre homens e mulheres com mais de sessenta e cinco anos, mostraram que suplementos de vitaminas ajudam a aumentar em 10% a defesa imunológica dessas pessoas, diminundo o risco de infecções.

Aminoácidos – são elementos formadores de proteínas, existentes em todos os tecidos orgânicos. Nos idosos, um desses aminoácidos, a lisina, é recomendada para estimular o apetite.

Esportistas famosos apregoam pelos meios de comunicação as vantagens de tomar determinadas vitaminas. Pelo desempenho excepcional nos esportes, esses ídolos são imitados nos seus hábitos e utilizados pela publicidade. Entretanto, essa posição privilegiada não lhes dá credibilidade para garantir que determinada vitamina deva ser tomada indiscriminadamente.

Além de vitaminas, os idosos necessitam de outros remédios, o que muitas vezes causa interação medicamentosa. Por essa razão, é essencial não tomar vitaminas sem indicação médica.

Vinho e saúde

"A penicilina cura os homens, mas é o vinho que os torna felizes."
Alexander Fleming (descobridor da penicilina)

A quase totalidade do oxigênio consumido pelo organismo (95%) resulta em energia e água. Os 5% restantes são transformados em radicais livres oxidantes, altamente nocivos ao corpo humano. Esses radicais destroem estruturas das células, intervindo em várias doenças degenerativas, tanto respiratórias, como circulatórias.

O organismo sadio, usando seus mecanismos de defesa, pode atacar os radicais livres, mas, se estes se reproduzirem em número maior do que as células de defesa, podem provocar lesões.

O vinho é a primeira bebida alcoólica inventada pelo homem, há cerca de nove mil anos. Para Hipócrates, o Pai da Medicina, que viveu, provavelmente, oitenta e três anos, entre 460 e 377 antes de Cristo, "o vinho é uma substância maravilhosamente apropriada ao homem, na saúde e na doença, se o administrarmos na justa medida, segundo a constituição de cada um."

O consumo de vinho, principalmente o tinto, pode reduzir em 50% o risco de doenças cardíacas e vasculares. Há mais de dois séculos (1786) o médico inglês Heberden notou melhora na dor da angina, quando os pacientes tomavam vinho; mas, nessa época, não havia meios de comprovação.

Dois séculos depois, em 1982, pesquisas realizadas na França pelo Dr. Masquelier, da Universidade de Bordeaux, confirmaram que a ação protetora exercida pelo vinho tinha origem nas procianidinas presentes na bebida, ricas em tanino.

Os franceses são conhecidos pelo hábito de consumir alimentos muito ricos em gorduras saturadas, como manteiga e queijos fortes e, apesar disso, sempre apresentaram índices menores de doenças cardiovasculares, se comparados a outros povos, com dietas semelhantes. Essa questão ficou conhecida como "paradoxo francês", sugerindo a influência benéfica do consumo do seu vinho tinto.

Quando se toma diariamente um copo de vinho tinto a ação protetora se faz pela depuração do colesterol no sangue, impedindo a formação de novos depósitos de gordura, cujo acúmulo produz a placa de ateroma, uma das causas de enfarte. Geralmente, o chamado "bom colesterol" – HDL – encontra-se aumentado nos consumidores de vinho, o que é saudável para as artérias.

Pesquisas recentes da Universidade de Alabama, nos Estados Unidos, mostraram que os componentes aditivos do vinho trazem mais benefícios à saúde do que outras bebidas alcoólicas com os mesmos polifenóis. Estes desempenham um papel efetivo na proteção das artérias, prevenindo aterosclerose, insuficiência respiratória e enfarte, pela captação dos radicias livres no organismo.

Em 2003, uma equipe de pesquisadores da Escola Médica de Harvard comprovou que os flavonóides (compostos que dão a cor, sabor e adstringência aos vinhos) têm as mesmas propriedades vasodilatadoras e antioxidantes.

No Brasil, na cidade de Veranópolis (zona rural do Rio Grande do Sul) a população é conhecida pela longevidade. A comunidade fabrica seu próprio vinho, ingerindo-o diariamente. Mesmo comendo churrasco e queijos gordos, os habitantes de Veranópolis alcançam oitenta, noventa e até cem anos. Além dessa alimentação, o nível de estresse é pequeno, comparado com outras regiões – as pessoas conversam, dançam e mantêm uma sociabilidade saudável. Diante desses exemplos, confirma-se que o chamado "paradoxo francês" não é paradoxo, nem exclusividade da França.

Louis Pasteur, o grande químico e biólogo, precursor da vacinação contra a raiva, bem como da esterilização do leite, também produziu vários trabalhos sobre o vinho, que trouxeram incentivo à indústria francesa, na segunda metade do século XIX. O vinho fabricado na sua propriedade é apreciado até hoje, apesar da pequena produção.

Além de um copo de bom vinho diariamente, outras recomendações se fazem necessárias para a prevenção de doenças cardíacas e degenerativas: caminhar meia hora por dia, parar de fumar, reduzir o estresse, perder peso excessivo, ter uma atividade prazerosa, não só visando a recompensa material.

Voltaire, famoso enciclopedista francês do século XVIII, louva as propriedades do vinho: "Bebendo-se um pouco de vinho, a inteligência rejuvenesce."

CÉREBRO E MEMÓRIA

Cérebro e memória na terceira idade

"Os primeiros quarenta anos de vida nos dão o texto;
os anos seguintes nos favorecem o comentário sobre ele."
Schopenhauer

Quando nascemos, já está completo o cérebro, além do encéfalo, que compreende diversos órgãos do conjunto cerebral, como cerebelo, ponte, bulbo e mesencéfalo. Após dois anos de idade, os neurônios (células nervosas) cessam a sua reprodução. O número aproximado deles gira em torno de 20 bilhões de células, armazenando todas as informações na região do hipocampo (cavalo-marinho), onde está localizada a memória. No adulto, em todo o encéfalo, os 20 bilhões de neurônios vão desaparecendo ao longo da vida, em diferentes faixas etárias.

Em 1997, dois pesquisadores dinamarqueses, Pakkenberg e Gundersen, demonstraram que, dos 20 aos 90 anos, 10% do total dos neurônios são destruídos dia a dia nas pessoas saudáveis. Já nos portadores da doença de Alzheimer, até metade dos neurônios desaparece através dos anos.

Não se deve inferir que seu uso provocou a perda desses 10%, pois nosso cérebro é utilizado integralmente. Há alguns anos, difundiu-se a idéia de que 90% do total de neurônios não eram aproveitados e seriam deixados como reserva futura, o que se demonstrou não ser verdadeiro, em estudos neurológicos em ratos de laboratório.

O que se comprovou por outras pesquisas é que existem combinações entre os neurônios chamadas sinapses, estabelecendo a continuidade do aprendizado, em pessoas mais jovens ou idosas. Atualmente, a Neurociência se vale desses estudos para, através de exercícios chamados neuróbicos (os mesmos denominados aeróbicos para os músculos), produzir mais conexões neuronais, facilitando o aprendizado e a memorização.

Outro mito muito difundido é que o cérebro é formado apenas por neurônios. Já se comprovou que os neurônios representam de 2 a 10% das células cerebrais. Os outros quase 90% são constituídos por células gliais (glia, em grego, significa cola). A glia é a denominação neurológica que se dá a um conglomerado de células, que, entre outras atividades, fornece nutrientes para os neurônios. Sem ela os neurônios tenderiam a desaparecer mais rapidamente e também não existiriam as sinapses. Alguns trabalhos de anatomia realizados em ratos mais velhos demonstraram alterações nos lobos frontais e no hipocampo (centro da memória). Outros trabalhos recentes – 1998 – mostram que períodos de estresse prolongado elevam os níveis hormonais do cortisol, que é um hormônio prejudicial, e pode até produzir atrofia da região do hipocampo, onde está a memória.

O melhor remédio para conservar a memória é manter a mente sempre em atividade. Não adianta tomar gingko biloba ou outros produtos em voga, na ilusão de obter uma memória prodigiosa. Ainda faltam muitos estudos comprobatórios para afirmar que o gingko biloba é o que de melhor existe para a memória. Não se deve exagerar na ingestão de dosagens altas dessa substância. Se estiver tomando AAS, mesmo infantil, pode haver um sinergismo e provocar sangramento, pois existe um efeito na viscosidade sanguínea provocado pela associação desses produtos. O que se sabe é que essa árvore sobrevive há milhares de anos e até resistiu às bombas atômicas lançadas na Segunda Guerra Mundial em Hiroshima e Nagasaki. Na visita que fizemos ao Japão, em 2004, pudemos comprovar a beleza e a perenidade dessa frondosa árvore, plantada em praças de Tóquio. Essa cidade, apesar do incrível progresso, e talvez por essa razão, é uma das mais poluídas do mundo, com alto índice de mortalidade por doenças pulmonares, ultrapassando até o câncer de outros órgãos.

No Japão, nação da longevidade, a proporção de idosos aumenta cada vez mais, impondo ao país o desafio de enfrentar mudanças para acompanhar o crescimento da expectativa de vida.

Pessoas de diversas profissões continuam sendo úteis à sociedade, mesmo tendo noventa ou cem anos, pele enrugada, mas disposição espiritual. Representam 19% da população – são considerados os "novos idosos", com plena lucidez.

Lawrence Katz, professor de Neurobiologia da Universidade de Duke, e pesquisador do Instituto Médico Howard Hughes, nos Estados Unidos, uniu-se a Manning Rubin, supervisor de criação de uma agência de publicidade de Nova York, para expor o resultado das suas pesquisas sobre um novo campo de estudos, chamado Neuróbica. Essa nova teoria sobre o exercício cerebral não vai ressuscitar um cérebro de 20 anos numa pessoa de mais de 65, mas pode ajudar a acessar um arquivo de memória que um jovem de 20 anos não possui.

Há muitas maneiras de desenvolver exercícios neuróbicos para aumentar a capacidade mental. Uma delas é a leitura constante, não importa o tema: história, biografias, literatura, poesia. Mas não é só ler – deve-se ler uma página ou até um capítulo do livro, fechá-lo e tentar memorizar o que leu. Também se pode fazer um resumo do que foi lido, procurar no dicionário o significado de algumas palavras desconhecidas e repetir em voz alta o texto.

Resolver palavras cruzadas é um ótimo exercício para ativar as conexões dos neurônios. Num hospital geriátrico do Rio de Janeiro foram testadas pessoas que costumavam decifrar palavras cruzadas, numa comparação com outras que não tinham esse passatempo. Comprovou-se uma vantagem em conhecimentos e melhora de memória naqueles que estavam habituados a resolver palavras cruzadas – entretanto, nem todas as pessoas apreciam esse passatempo. Sem um grande interesse por essa forma de lazer, o paciente se entedia com a atividade.

O aprimoramento da memória pode-se dar também através dos sentidos: a visão, distinguindo cores; o olfato, selecionando cheiros; a audição, discernindo sons. Há estudos mostrando que, para muitas pessoas, ouvir Mozart ajuda na memorização de um texto.

Algumas causas de falhas e perda de memória são:

ansiedade – sentimento contínuo de insegurança;

depressão – é uma tristeza contínua, e a palavra está na moda, pois muita gente sofre desse mal, com abatimento moral e físico, muito comum em idosos solitários;

excesso de bebidas alcoólicas – havendo ingestão diária de diversas bebidas alcoólicas ocorrem falhas graves de memória;

pressão alta – na composição de vários medicamentos para hipertensão podem existir elementos que, associados a outros produtos receitados, interferem no mecanismo da memória;

estresse – é uma das maiores causas de falhas de memória na nossa época. Pode ser físico ou emocional. Ninguém vive sem estresse – o que se deve fazer é aprender a conviver com ele;

alzheimer – essa doença foi relatada pela primeira vez pelo médico alemão Alois Alzheimer, em 1905. Apesar de ser mais comum em pessoas de mais de 60 anos, não é uma patologia ligada ao envelhecimento, mas sim uma doença cerebral. Em alguma fase da DA, diversos neurônios são afetados na região do hipocampo, área do cérebro ligada à memória. As hipóteses mais aceitas atualmente concentram-se na questão de falhas dos agentes neurotransmissores. Há resultados promissores em experiências feitas em ratos. A aplicação de nitrofenol, composto orgânico, foi positiva na redução das placas de beta-amilóide em ratos, substância essa responsável pela DA.

Portadores da DA não apresentam endurecimento de artérias ou vasos sanguíneos, mas alguns pacientes têm pequenos enfartes múltiplos cerebrais. Também se pode aferir que a DA não é devida à poluição ambiental, à exposição ao alumínio ou outro metal, nem ao alcoolismo ou subnutrição. O abuso de álcool ou a falta de nutrientes ocasionam outras doenças no cérebro, mas não a DA.

Infelizmente, essa doença ainda é, em nossos dias, a maior responsável pela perda irrecuperável da memória, sendo inútil qualquer tentativa de exercício neuróbico.

Concluindo, quem está com a saúde em dia deve continuar com as atividades, pois aposentadoria não é motivo para estacionar ou desistir do que proporciona prazer, estímulo e alegria na vida diária.

(palestra proferida na Associação Paulista de Medicina – 2004)

Neuróbica – Exercícios para o cérebro

Uma das mais recentes áreas de pesquisa da Neurociência, a Neuróbica, constitui um programa inovador de exercícios para o cérebro.

Assim como os exercícios físicos ajudam a manter a boa forma, a Neuróbica se propõe a aperfeiçoar a capacidade mental. Essa nova teoria foi formulada nos Estados Unidos e está bem explicada em estudos do professor de Neurobiologia Lawrence C. Katz, do Centro Médico da Universidade de Duke e pesquisador do Insituto Médico Howard Hughes.

A Neuróbica baseia-se em sólidos princípios científicos, utilizando os cinco sentidos: visão, audição, gosto, olfato e tato. Todos os sentidos são estimulados a ampliar a associação entre as diversas informações encaminhadas ao cérebro, treinando a memória e também tentando reavivar o que foi esquecido.

O cérebro procura reagir às informações novas e inéditas que chegam a cada segundo. Ao ser incentivado pelas novidades, o cérebro, mesmo em processo de envelhecimento, desenvolve dentrites mais longos.

Dentrites são os prolongamentos das células nervosas – os neurônios – que processam as informações, formando a base do que queremos lembrar, ou seja, a memória. Recentemente, a conceituada revista de Neurologia *Brain Research* publicou um estudo mostrando que o prolongamento dos dendrites não ocorre nos portadores da doença de Alzheimer, o que explica a perda da capacidade mental nesses pacientes.

As mais diversas pílulas que surgiram nas últimas décadas prometendo conservar, aumentar a memória e recuperar a capacidade cerebral têm efeito de curto prazo e devem ser tomadas continuamente, sob orientação médica.

A Neuoróbica vem em auxílio a essas drogas, preconizando exercícios cerebrais. Como exemplo desses exercícios, citamos o movimento de fechar os olhos e tentar identificar o que está contido num prato de comida, utilizando olfato, gosto e tato. O sabor de um alimento ainda inclui textura, aroma, temperatura e tempero. Ao fazer avaliação tátil, será criado um circuito neural diferente. Sabe-se que a língua e os lábios estão entre as partes mais sensíveis do corpo, mais do que as pontas dos dedos.

Além dos cinco sentidos, as emoções agradáveis, através de interações sociais, constituem apoio fundamental à Neuróbica. Há provas incontestáveis de que é mais benéfico ao cérebro usar todos os sentidos, incluindo a emoção.

Nessa linha de idéias, o autor Lawrence C. Katz considera a relação sexual prazerosa o supremo exercício neuróbico, porque a prática sexual mobiliza todos os sentidos, além da emoção, o que desperta mais rapidamente os circuitos cerebrais em sua totalidade.

No Brasil, já existem várias publicações sobre o assunto. Veja sugestões para leitura na página 169.

No empenho de conservar a memória, serão necessários medicamentos adjuvantes de ação já bem comprovada, que, indicados por médicos, complementem os exercícios neuróbicos.

Mantenha em forma sua memória – I

Aos 20 anos, nossos neurônios – as células nervosas que compõem o cérebro – já começam a diminuir, sendo que de 100 milhões ficam reduzidos a 60%, aos 50 anos. O peso médio do cérebro é de 1370 g, podendo ter mais ou menos 500 g em função de raça, estatura, sexo e outras variáveis. Evidentemente, a inteligência não é proporcional ao seu tamanho, pois cérebros de homens geniais muitas vezes revelaram-se inferiores à média em razão do peso.

O cérebro divide-se em duas partes chamadas hemisférios, sendo que o hemisfério esquerdo (exceto nos canhotos) controla as funções do lado direito do corpo e o pensamento lógico, analítico e racional; o hemisfério direito regula as emoções, sonhos, percepção em geral, criatividade e todas as funções do lado esquerdo.

Os neurônios podem ser comparados aos *bytes* ou à memória disponível num programa de computador. Para cada movimento, é necessária uma ordem de cada neurônio, interligado a outros. Essa conexão pode ser realizada com qualquer neurônio, numa combinação infinita. Entretanto, é imprescindível a presença de neurotransmissores ou neuromediadores, que desempenham a função de "correio".

Atualmente, já se conhece um grande número desses elementos, como a acetilcolina, noradrenalina, dopamina, serotonina e muitos outros. De onde surgem esses neurotransmissores? Provêm de componentes variados da nossa alimentação. Por esse motivo, é fundamental uma nutrição correta para o bom funcionamento do cérebro. O número de neurônios decresce com a idade, mas esse fato não significa que a inteligência ou a memória tenham que diminuir, embora ocorra uma alteração de qualidade.

Então, o que devemos fazer?

A pesquisadora italiana Eva Campo, na sua obra *Nutrire il Cervello,* sugere que se deve alimentar o cérebro de maneira adequada. Já foi demonstrado exaustivamente que a sub-alimentação e carências alimentares na infância comprometem para sempre o desenvolvimento cerebral. Não há um alimento milagroso ou uma pílula única que, ingeridos, tenham o poder de aumentar a inteligência ou a memória; mas muito se pode fazer, reduzindo a quantidade de radicais livres no organismo.

Entre os alimentos ricos em antioxidantes naturais, destacamos sementes de gergelim e girassol, iogurte, gema de ovo, coalhada, mel, damasco, algas e ginseng. São importantes os que contêm as vitaminas A, C e E, como também as vitaminas do grupo B. Quanto aos minerais, não podemos esquecer o selênio e o zinco.

Cabe ao médico, após exames clínicos e laboratoriais individualizados, indicar o melhor para cada paciente, visando retardar o processo de envelhecimento e proporcionar melhor qualidade de vida. Em resumo, estas informações poderão servir como advertência para não ocorrer o que aconteceu com aquele paciente de mais de 70 anos, que foi pela primeira vez a um geriatra:

> **Paciente** – Doutor, estou sem saber o que fazer. Preciso da sua ajuda. Não consigo mais lembrar de nada. Acho que estou perdendo a memória a cada minuto que passa. O que devo fazer?
>
> **Médico** – Pague adiantado a consulta!

Mantenha em forma sua memória – II

Com os nutrientes necessários, a memória estará preparada para receber e guardar mais informações. Esse tema foi analisado pelo filósofo italiano Norberto Bobbio na sua obra "O Tempo da Memória". Tudo o que armazenamos no cérebro, desde os primeiros momentos de vida, é memória. O aprendizado se faz aos poucos – primeiro aprendemos a reconhecer as letras do alfabeto, depois, a ler e escrever.

Para melhor memorizar é preciso, além de ingerir os alimentos citados, proceder a um treinamento, semelhante à prática de ginástica diária, que reforça os músculos. Criamos uma imagem mental do que queremos lembrar – é a associação mnemônica – uma forma de relacionar uma coisa nova com algo já fixado em nossos "arquivos" do cérebro.

Assim, para memorizar um novo número de telefone, podemos dividi-lo de dois em dois números, relacionando-os a alguma data já conhecida. Por exemplo: o telefone 2384-5032 pode ser subdividido em 23 (idade do seu filho), 84 (idade do seu pai), 50 (a sua idade) e 32 (ano da Revolução Constitucionalista). Sempre que precisar lembrar esse número, você irá recorrer ao "arquivo" da memória. O mesmo pode ser feito para gravar frases ou acontecimentos recentes. É importante nesse treino manter concentração, silêncio, fechar os olhos e tentar colocar na mente a imagem que queremos guardar.

Há alguma idade em que não se pode mais aprender? Se o seu organismo está bem, após avaliação médica e laboratorial, os neurotransmissores que levaram os elementos como dopamina, serotonina e outros para os neurônios sempre poderão fazer essas associações independente de idade. O que importa é a prática diária, como uma "ginástica mental". Um analfabeto com setenta anos pode aprender a ler e escrever!

"O segredo de uma boa memória é o de formar associações múltiplas e diversas com qualquer assunto que quisermos memorizar", já dizia William James, que ministrou o primeiro curso de Psicologia no mundo, na Universidade de Harvard, em 1875.

Não se pode falar em memória sem mencionar uma planta, cuja raiz é conhecida desde tempos imemoriais – o *ginseng*. A palavra é derivada do chinês *jen sheng*, que significa "forma humana". O *ginseng* é uma das poucas ervas cujos poderes medicinais representam uma evidência científica – está provada a sua eficácia em retardar fatores responsáveis pelo envelhecimento do organismo.

Não é o famoso elixir da longa vida, mas na forma de chá ou comprimidos constitui um grande auxiliar, associado a outros cuidados indicados pelo médico, conforme as necessidades individuais.

Ainda com o objetivo de aprimorar a memória, ficam outras sugestões:

Faça trabalhos que exijam capacidade criadora, como pintura, atividades artísticas e até culinária. Leia um bom livro;

Participe de jogos de xadrez, palavras cruzadas com maior dificuldade de resolução e procure no dicionário as palavras novas. É sempre bom fazer o aprendizado de mnemotécnica, para não ocorrer o esquecimento de datas importantes, como na conversa das amigas:

Primeira amiga – Seu marido recorda o dia do seu aniversário?

Segunda amiga – Naturalmente! No mês de maio eu o lembro e novamente em janeiro. Assim, ganho dois presentes!

Mantenha em forma sua memória – III

Quando o tema é memória, não se pode deixar de mencionar a gingko biloba. É uma planta nativa do sudeste dos Estados Unidos, sudeste da França, China e Coréia, que sobrevive até mil anos ou mais.

Os primeiros estudos sobre os efeitos dessa planta em seres humanos foram realizados há cinco mil anos, pela medicina chinesa. Era utilizada numa infusão de folhas como chá para pessoas idosas com perda de memória.

Os benefícios medicinais do extrato da gingko biloba encontram-se em dois grupos de componentes ativos: os flavono-glicosídeos e os terpeno-lactonas; os bioflavonóides constituem 24% dos glicosídeos – produzem um efeito antioxidante, além de inibir um pouco a agregação plaquetária.

A única terpeno-lactona encontrada na gingko biloba compõe 6% do seu extrato; está associada a maior ativação da circulação cerebral, bem como apresenta ação protetora nas células nervosas. Recentes estudos em ratos mostram que essa substância pode ajudar a regenerar células nervosas.

As ações circulatórias mostram que a terpeno-lactona aumenta o tônus e a elasticidade dos vasos sanguíneos e inibe a adesividade plaquetária, tornando a circulação do sangue mais eficiente. Foram feitos estudos com portadores de claudicação intermitente, mostrando melhora da dor e possibilidade de poder andar mais, com menos dor.

Nos seres humanos, desde 1994, o extrato de gingko biloba, conhecido como EGB 761, foi usado em pacientes com doença de Alzheimer, melhorando a concentração e memória nos primeiros estágios da doença.

Propriedades antioxidantes também foram encontradas agindo sobre a retina e o sistema cardiovascular, bem como na retinopatia diabética. Isto é de fundamental importância, porque já se sabe que o cérebro e o sistema nervoso central são particularmente suscetíveis ao ataque dos radicais livres. Está amplamente comprovado que esses radicais constituem o maior fator entre os que contribuem para as enfermidades associadas ao envelhecimento, incluindo a doença de Alzheimer.

Para pessoas que não respondem bem às drogas antidepressivas, como fluoxetina ou sertralina, o uso de 240 mg de gingko biloba por dia mostrou bons resultados.

Também houve resposta favorável em pessoas que apresentam zumbido permanente no ouvido e que não reagiam a outras substâncias. Atualmente, há outros medicamentos para essa patologia.

A vantagem no uso do extrato de gingko biloba é a ausência de contra-indicações significativas na sua utilização, desde que a dose seja bem administrada. Estudos realizados em Boston, em 1998, mostraram um reduzido número de casos em que ocorreram enxaqueca ou queixas digestivas sem complicações.

O que não se deve fazer é utilizar indiscriminadamente o medicamento, principalmente se o paciente já estiver tomando outros remédios para problemas circulatórios, como aspirina. Cabe ao médico encontrar a melhor formulação.

No Brasil, já existem muitas associações do extrato de gingko biloba com vitaminas ou outras substâncias. Não adquira esses medicamentos sem receita médica.

Envelhecimento cerebral

O desenvolvimento e o crescimento do cérebro humano são regulados pelo ácido desoxirribonucleico, que é uma molécula especial presente no núcleo de toda célula nervosa – neurônio. A informação genética contida nesse núcleo é responsável por gerar não só o cérebro, mas um ser humano completo.

Com o passar dos anos, é possível que ocorram efeitos do envelhecimento sobre a inteligência. Costuma-se atribuir aos mais velhos maiores conhecimentos, porém eles apresentam raciocínio mais lento.

Shakespeare abordou o tema em sua comédia "Muito barulho por nada". Há um trecho em que um dos personagens diz: "When the age is in, the wit is out" (Quando a idade adentra, a inteligência vai embora). O antigo ditado inglês, referido por Shakespeare, diz: "When the ale is in, the wit is out" (Quando a cerveja sobe à cabeça, a inteligência vai embora). Shakespeare trocou *ale* – espécie de cerveja – por *age*. Nesse jogo de palavras há um certo humor cáustico, ironizando os velhos.

Pode-se dizer que os jovens, em nossos dias, superam os mais maduros em muitas áreas, pelo fato de terem crescido numa civilização mais sofisticada do ponto de vista tecnológico. Além disso, desfrutam de melhor saúde que os idosos.

Evidentemente, há uma distinção entre inteligência e sabedoria. Enquanto a inteligência se refere à capacidade de resolver situações novas, a sabedoria tem mais o caráter de erudição ou conhecimento sedimentado pela experiência. O que ocorre com o passar dos anos é a diminuição da concentração total em diversas atividades. A capacidade de trabalho se mantém quando se trata de uma atenção seletiva.

Os indivíduos de mais idade podem selecionar o que querem fazer, apesar de estímulos que os distraiam, como demonstraram vários pesquisadores (Mc Dowd e Filion, em 1992 e 1999). Esses indivíduos não têm mais a possibilidade de prestar atenção em várias coisas simultaneamente, como os mais jovens, devido ao declínio dos lobos frontais do cérebro, responsáveis pela atenção.

No que se refere à sexualidade, ainda há um preconceito quanto à vida sexual de pessoas com mais de sessenta e cinco anos. Sentem-se também reprimidas, pois na época da sua juventude a prática do sexo em idade mais avançada não era considerada sadia.

A situação é agravada para as mulheres, porque elas sobrevivem aos homens nessa faixa etária, o que dificulta a prática sexual. Entretanto, são inegáveis as mudanças nos últimos anos – maior número de mulheres maduras mantêm relacionamentos duradouros com homens mais jovens, nem sempre motivados somente pelo dinheiro delas... O impulso sexual difere muito entre homens e mulheres, independente de idade.

O envelhecimento cerebral em nossos dias pode ser mascarado por diversos fatores, como atitudes e aparência externa. Diversas vitaminas, alguns hormônios, os bem-vindos caracteres genéticos, cremes de beleza, alimentação diferenciada e exercícios físicos para desenvolver a musculatura já conseguem fazer com que pessoas de oitenta anos pareçam ter sessenta e cinco! É evidente que essas transformações externas produzem um bem-estar, não só na aparência, mas também podem despertar uma libido adormecida.

A Medicina, a cada dia que passa, está encontrando alternativas para retardar o envelhecimento, seja através desses novos recursos, seja auxiliada por mudanças no meio ambiente. Chegaremos a um ponto em que as pessoas que desejam envelhecer naturalmente se sentirão excluídas, se considerarmos o processo de envelhecimento como sinônimo de aparência física em declínio.

Surgirá um novo padrão de comportamento e de qualidade de vida, hoje só acessível aos mais abastados. Os avanços tecnológicos ainda visam as faixas etárias mais jovens, como telefones celulares cada vez menores, cujos mecanismos são quase impossíveis de ser visualizados e utilizados por idosos.

O processo de envelhecimento cerebral deve ser encarado como interativo e não como processo isolado. Se não for assim, há o risco de o indivíduo tomar um medicamento para disfunção erétil e não lembrar para que serve...

A não ser em casos avançados de câncer, demências, doença de Alzheimer e algumas outras que levam a alterações intelectuais, a velhice poderá transcorrer de forma tranqüila. Num futuro próximo, essas doenças não mais serão empecilho para uma vida feliz e produtiva.

Como falou Woody Allen, numa de suas tiradas: "Interessa-me o Futuro, porque é o lugar onde vou passar o resto da minha vida."

Pecados da memória

Lembrar é fazer com que informações passadas reapareçam, desde que tenham sido realmente fixadas no hipocampo e nos lobos frontais do cérebro, regiões responsáveis pela atenção. Apesar do envelhecimento, 95% das pessoas saudáveis, com idade superior a sessenta e cinco anos, podem continuar mentalmente ativas, desde que se cuidem diariamente, fazendo exercícios e desenvolvendo atividades para manter o cérebro em constante aprendizado.

O cérebro de uma pessoa sadia de oitenta anos tem menos peso e, conseqüentemente, menos células nervosas do que o de um jovem. A concentração e o metabolismo ficam diminuídos, porque os neurotransmissores também se tornam reduzidos. Mesmo assim, o desempenho intelectual pode continuar, pois a capacidade de armazenamento de memória é muito grande. É claro que um idoso sadio levará mais tempo para executar corretamente tarefas mais complexas.

Há influências positivas e negativas que repercutem sobre a memória.

POSITIVAS	NEGATIVAS
alimentação variada	dieta deficiente
vida ativa com exercícios	inatividade
dedicação a uma atividade	tédio
satisfação com o que faz	insatisfação, preocupações
diversão e idéias novas	desinteresse e depressão

A memória pode ser considerada como ultra-curta – curtíssima duração –, curta e de longa duração. Quando se digita um número de telefone pela primeira vez, recorre-se à memória de curtíssima duração. Para anotar dados de um trabalho a ser realizado a memória utilizada é de curta duração. A memória de longa duração consiste no registro das lembranças fixadas.

O Prof. Daniel Schacter, chefe do Departamento de Psicologia da Universidade de Harvard, em seu recente livro "Os sete pecados da memória", expõe os fatores que podem influenciar a nossa memória, o que ele considera "pecados": transitoriedade, distração, bloqueio, atribuição errada, sugestionabilidade, distorção e persistência.

Na **transitoriedade,** um fato que na época não era relevante pode ter repercussão num tempo futuro. Tenta-se lembrar o que ocorreu, mas há uma confusão em datas, números ou pessoas;

Distração – é o típico exemplo de esquecer os óculos num lugar que não é habitual;

Bloqueio – é o esquecimento de algo que se quer falar – está na ponta da língua – e se vai lembrar mais tarde. Algumas causas do bloqueio são estresse, ansiedade, que não devem ser confundidos com os sintomas da doença de Alzheimer;

Atribuição errada – é um dos pecados mais graves, é a sensação de já ter estado em algum lugar ou ouvido alguma pessoa falar sobre um assunto do passado. É o "déjà-vu", lembrança de fatos que jamais aconteceram, como o reconhecimento de testemunhas que não estavam em determinado local, o que se torna grave no caso de acusação criminal. Esse tipo de "pecado" pode ocorrer em lesões do hipocampo, após acidente vascular cerebral, como num acidente de carro com traumatismo craniano.

Sugestionabilidade – consiste em tentar incorporar informações enganosas com pessoas, imagens e leituras às recordações pessoais – são as lembranças erradas. Às vezes, uma técnica terapêutica de sugestão pode criar falsas lembranças, como influenciar testemunhas num processo jurídico. Um exemplo típico consiste nas falsas confissões de prisioneiros.

Distorção – são as influências que alteram o nosso conhecimento. Geralmente, uma antiga experiência de dor é comparada com a dor atual. É muito comum ocorrer em licenças médicas, quando a pessoa exagera os sintomas. O que é doloroso lembrar, tentamos esquecer; o que é bom, sempre se recorda. Num casal, a mesma lembrança às vezes é relatada de forma diferente pelo marido e pela mulher.

Persistência – consiste em lembrar coisas que se gostaria de esquecer. Às vezes, é uma música que vem à mente em ocasiões inusitadas. Em geral, 60% das pessoas passam por traumas que não gostariam de trazer à tona. Esse "pecado" pode ter também uma função saudável – é o caso de preservar a memória para escrever corretamente a autobiografia.

Os "pecados" podem ter as suas virtudes, pois são elementos de uma ponte através do tempo, permitindo fazer uma ligação da mente com o mundo.

VALORIZAÇÃO DO IDOSO

A valorização do idoso

"Mantenha-se ativo para envelhecer melhor."

A atenção com a saúde sempre foi mais dirigida à criança mesmo com o aumento do número de idosos no mundo inteiro. Particularmente no Brasil, somente em outubro de 2003 foi instituído o Estatuto do Idoso, destinado a regular os direitos assegurados às pessoas com idade igual ou superior a sessenta anos (Lei nº 10.741).

A expectativa de vida nos países mais desenvolvidos, comparada à dos países em desenvolvimento, levou a duas definições: nos países mais ricos, a terceira idade tem início aos sessenta e cinco anos, enquanto em países em desenvolvimento, como o Brasil, começa aos sessenta anos. Entretanto, a expectativa de vida do brasileiro já é de setenta e um anos. Nos Estados Unidos, vários países da Europa e Japão, esse índice supera setenta e nove anos.

A Organização Mundial de Saúde (OMS) considerou 1999 o "Ano Internacional do Idoso" e o lema escolhido foi "Mantenha-se ativo para envelhecer melhor". A OMS apresentou soluções para seis grandes mitos que envolvem o envelhecimento no século XXI.

Um deles consiste na crença de que a maioria dos idosos está em países desenvolvidos. Estatísticas recentes mostram que apenas 60% vivem nesses países. Para 2020 espera-se que haverá um bilhão de idosos, sendo que 700 milhões estarão nos países em desenvolvimento.

Um segundo mito supõe que todas as pessoas mais velhas são iguais. Nem sempre. Fatores genéticos, origem étnica e cultural, associados ao clima em localizações geográficas privilegiadas são responsáveis pelo melhor índice de envelhecimento e sobrevivência.

Em terceiro lugar, criou-se a idéia de que homens e mulheres envelhecem da mesma forma, o que não é verdade. Estatísticas mundiais comprovam que as mulheres sobrevivem sete anos mais do que os homens, principalmente no Japão. O certo é que as mulheres aceitam com mais facilidade as recomendações médicas e vão com mais freqüência aos consultórios. Por outro lado, os homens são vítimas de acidentes, guerras e mortes violentas.

Uma outra idéia errônea é a de que os idosos são mais frágeis, o que pode ter sido verdade até uns vinte anos atrás. Em nossos dias, os idosos já estão orientados para manter um estilo de vida que conserve a boa forma física. A prática de exercícios físicos diários pode manter uma sobrevida de mais vinte anos para quem já está na faixa dos sessenta.

Outro equívoco é julgar que os mais velhos não têm mais nada a oferecer à sociedade, o que não corresponde à realidade atual, em muitos países.

Finalmente, não se sustenta mais a idéia de que os idosos são um ônus para a sociedade, do ponto de vista financeiro, no que se refere a aposentadoria e a outros direitos assegurados pelo Estado. É sabido que existe uma correlação entre nível de renda e saúde, sendo a pobreza um dos fatores de maior incidência de doenças.

A OMS concluiu que "o maior desafio que a sociedade enfrenta atualmente é a necessidade de examinar e fazer mudanças apropriadas nas políticas sociais e econômicas da saúde e não o envelhecimento da população."

Ócio na terceira idade

"Por trinta anos ou mais eu trabalhei pra valer, eu fiz tudo o que sabia.
Já cumpri com o meu dever, por isso mesmo, hoje em dia,
eu mereço envelhecer, pois o progresso do mundo eu ajudei a fazer."
(anônimo)

A palavra "ócio" freqüentemente evoca uma série de significados negativos, como preguiça, debilidade, negligência, falta do que fazer. Por outro lado, traz o sentido positivo de lazer, trabalho mental suave e repouso. Na origem etimológica, "negócio" é a negação do ócio.

A idéia do "otium cum dignitate", ou seja, do "lazer com dignidade", vem desde Cícero, o ilustre estadista e orador romano, referindo-se a esse privilégio da nobreza, quando já afastado da vida pública.

Podemos então afirmar que desde os anos 40 a. C. já havia a preocupação com o tempo livre. Atravessando vários séculos, chega-se à época do florescimento da indústria, trazendo uma revolução nas relações do trabalho e nos seus direitos, como férias, gratificações e proventos de aposentadoria.

O filósofo inglês Bertrand Russell (1872–1970), no seu livro "Elogio do Ócio", afirma que "uma das coisas mais difíceis de se utilizar é o ócio". Domenico De Masi, o polêmico sociólogo italiano, escreveu em fins do século XX (1995) uma obra denominada "O Ócio Criativo", fazendo a apologia do lazer para o terceiro milênio. Suas idéias ainda repercutem na mídia e na opinião pública.

De Masi propõe o ócio cultural para a terceira idade, desfrutando o tempo livre em viagens, erotismo, estética, repouso, ginástica, meditação e reflexão. Assistir mais ao pôr-do-sol e ao despontar da lua e balançar-se numa rede, sem hora marcada. Prestar mais atenção às coisas de todo dia, em geral fascinantes, que não são apreciadas com a atenção que merecem.

Tudo muito bonito, mas ainda utópico. No Brasil, só se pode perguntar: "Mas quem paga a conta?". Em muitas situações os aposentados, maiores detentores do tempo livre, são os que mais ficam defasados quanto ao próprio sustento, pois grande parte do orçamento vai para a compra de remédios ou auxílio à família.

Esta proposicão do professor De Masi seria indicada no Brasil para os aposentados mais abonados. Não se pode, entretanto, cultivar o pessimismo face à concretização de uma vida melhor. Há muitas alternativas para a maioria dos idosos aproveitar seu tempo livre, mesmo com limitações de saúde ou financeiras: pode ler o livro que sempre quis, fazer um trabalho manual, pintar, bordar, tratar do jardim, cozinhar um prato especial, ir a festas, dançar, jogar conversa fora, o que não representa muita despesa.

As atividades prazerosas e criativas tendem a melhorar a qualidade de vida, mas nem sempre trazem a felicidade, porque esta só pode ser encontrada dentro de nós mesmos. Não devemos nos iludir e pensar que só os que têm altos cargos, títulos acadêmicos, honrarias, mansões luxuosas, roupas caras, dinheiro sobrando, são os mais felizes.

Quem sabe devemos apreciar com mais intensidade a lua, o pôr-do-sol e o sorriso de uma criança... Esses prazeres são gratuitos.

"Encare a vida como um banquete. Você receberá a sua devida porção quando chegar a sua vez." É o que nos diz o filósofo Epicteto em sua "Arte de Viver".

Prazeres do envelhecimento

"O tempo passará como mágica."

Jimmy Carter, 39° Presidente dos Estados Unidos, já próximo aos oitenta anos, recebeu em 2002 o Prêmio Nobel da Paz. Carter nos transmite sábios ensinamentos, concentrados num pequeno volume: "As virtudes do envelhecer".

O livro é de 1998 e destina-se a qualquer pessoa que queira aprender a envelhecer com dignidade. Lendo-o, vamos tomando conhecimento dos benefícios que podemos desfrutar à medida em que progredimos em anos, e quanto podemos oferecer aos outros.

É evidente que ocorrem mudanças em nossa saúde, com o passar dos anos. O que se pode fazer é procurar um médico, para que aconselhe na mudança de hábitos, dietas e exercícios. Exames preventivos de câncer de pele, mama, colo do útero, intestinos e próstata devem ser realizados antes dos quarenta e cinco anos, principalmente se houver algum membro da família que faleceu de câncer. É necessário ainda seguir outras recomendações, como não fumar e fazer caminhadas diárias de meia hora ou mais.

A maioria das pessoas passa a vida envelhecendo, ao invés de amadurecer. Envelhecemos quando achamos que estamos velhos, quando aceitamos uma atitude muitas vezes ditada pelos outros, o que não corresponde exatamente ao número de anos que de fato temos. Qualquer pessoa que planeja fazer alguma coisa após a aposentadoria certamente não sentirá os anos, e o tempo passará como mágica.

A experiência pessoal narrada por Jimmy Carter vem de encontro ao que temos escrito sobre uma aposentadoria saudável, no sentido de estimular uma vida plena: fazer um trabalho voluntário, participar de agremiações, viajar, ir a concertos, aprender a tocar um instrumento, ler, praticar jardinagem, comparecer a festas e dançar. Neste século XXI – observa Carter – temos acesso a um volume de conhecimentos quinze vezes maior do que as pessoas que viveram no tempo de Aristóteles.

Em seu livro, Carter afirma que "é melhor praticar a recreação para preservar a saúde do que utilizar remédios e tratamentos para recuperar a saúde. Isso é verdade tanto para o bem-estar físico quanto para o mental."

No que se refere a atividade sexual, diversos estudos da Universidade de Duke demonstram que esse interesse permanece além dos setenta anos. O citrato de sildenafil e outros análogos, de efeito já comprovado, têm sido de grande valia aos idosos, mesmo diabéticos.

À medida em que envelhecemos, devemos continuar na busca da felicidade como principal meta. Não é preciso riqueza, fama ou prestígio para se demonstrar gentileza, honestidade, paciência, generosidade e, naturalmente, um pouco de resignação pelo passar dos anos.

ENVELHEÇA COM QUALIDADE DE VIDA

Dicas saudáveis

"A velhice, principalmente se for vivida com honra,
é algo tão respeitado, que nem todos os prazeres da juventude
conseguem excedê-la em valor."
Cícero

"Passamos a encarar a perda da capacidade mental devido à idade como algo que pode ser evitado. A antiga idéia de que a senilidade é um derivado normal do envelhecimento é equivocada."

Essa afirmação do Dr. Leonard Hayflick, geriatra da Universidade da Califórnia, em São Francisco, significa que na aurora do século XXI podemos retardar o envelhecimento, se praticarmos algumas estratégias.

Se você, leitor amigo, já está na fase de aposentadoria compulsória, preparando-se para a aposentadoria ou se aposentou precocemente, tem muitas chances de alcançar uma idade avançada, digamos cem anos ou mais, em boa forma.

Estamos vivendo um século de progressos rápidos, em que muitos conceitos considerados verdadeiros estão sendo questionados. Assistimos a um aperfeiçoamento cada vez maior da qualidade de vida.

Consulte seu médico se houver alguma incapacidade, mas você pode seguir algumas dicas milenares e essenciais:

1 - Coma muitas verduras, legumes e frutas, todos que quiser e gostar, pois seu poder antioxidante está comprovado. Mesmo sendo diabético, você pode comer todas as frutas, em pequenas porções, pois o açúcar nelas contido não é prejudicial.

2 - Coma mais peixe – até duas ou três vezes por semana –, principalmente os peixes de águas profundas, como a truta (que tem menos gordura) e o salmão.

3 - Beba chá – o tipo que lhe agradar mais, seja o ban-chá ou chá verde, chá de ginseng ou de frutas. Todos eles contêm muitos antioxidantes.

4 - Coma soja sob qualquer forma – em salada, cozida, como leite ou carne. Cada vez mais se confirma que há substâncias contidas na soja capazes de impedir o desenvolvimento de certos tipos de câncer.

5 - Evite gorduras animais e os chamados poliinsaturados, como manteiga ou margarinas hidrogenadas. Use azeite virgem ou óleo de canola – o melhor é o azeite extra-virgem.

6 - Coma pouca carne – dê preferência ao peito de frango sem pele e evite frituras.

7 - Álcool ou vinho? As bebidas que contêm doses excessivas de álcool aumentam o número de radicais livres, que são prejudicias ao organismo. Beber vinho tinto já é um procedimento aceito mundialmente como fator antioxidante e até redutor do mau colesterol. Só não abuse – um ou dois copos por dia!

8 - Evite comer muitos doces, bombons, chocolates, bolos que contêm açúcar, porque provocam o aumento da glicose no sangue e, por conseguinte, podem ocasionar doenças degenerativas.

9 - Coma alho – para quem não tem intolerância ou hiperacidez é um dos elementos mais antigos conhecido como eliminador de radicais livres, inibindo a obstrução arterial e a degeneração do cérebro no envelhecimento. Um dente ou dois por dia, seja cru ou cozido, é uma boa dose. Use no macarrão alho e óleo – é uma delícia!

10 - Pratique alguma atividade como tapeçaria, tricô, jardinagem ou cozinhe algum prato especial, faça palavras-cruzadas ou quebra-cabeças. Enfim, cultive a atividade que mais apreciar.

11 - Exercícios físicos, como caminhadas diárias de meia a uma hora por dia, são importantes para o coração e para o organismo em geral.

12 - Leia um bom livro – seja científico, biográfico ou um romance.–, ouça música que lhe agrade (não siga o gosto dos outros), vá a todas as festas que puder, dance, converse, faça reuniões na sua casa ou em associações com pessoas do seu nível de conhecimento ou mais graduadas.

13 - Estude uma língua, como espanhol, inglês ou francês, e viaje pelo seu Estado ou para outros países – você fará amizades em lugares jamais imaginados!

14 - Tente reduzir o estresse de cada dia com técnicas de meditação e relaxamento. Não se preocupe se não eliminar inteiramente o estresse – um pouco é necessário para quebrar a monotonia. Você já se imaginou sentado numa poltrona sem ter o que fazer?

15 - Por último, mas não menos importante, pratique o sexo com a pessoa amada, não como passatempo, mas como prazer inigualável.

E viva mais e bem melhor!

Amor e sexo

"Apaixonar-se é a receita que os velhos usam contra o tempo; e há tanta virtude nesse seu método, que voltam a ser jovens tanto quanto o praticam."
Aretino - poeta satírico e pintor italiano (1492-1556)

A atividade sexual sempre foi considerada um dos fatores determinantes da qualidade de vida das pessoas, além de contribuir para a saúde plena.

A manutenção da atividade sexual acima de sessenta e cinco anos inclui fatores psicológicos, fisiológicos e sociais. No homem, as experiências sexuais agradáveis contribuem para que, psicologicamente, o interesse por sexo continue presente com o correr dos anos.

O impedimento para a prática sexual pode advir de doenças, como hipertensão arterial, infarto do miocárdio, doenças coronarianas, bem como do diabetes tipo II, que costumava aparecer após os cinqüenta ou sessenta anos. Infelizmente, a incidência de diabetes tipo II já se estendeu aos jovens, devido à alimentação errônea do chamado *fast food,* rico em açúcar e gorduras. O vício do cigarro constitui um dos fatores mais graves na diminuição da potência sexual, devido à ação vaso-constritora da nicotina.

Em nossos dias, também a obesidade tem sido acompanhada com cuidado, principalmente quando associada à hipertensão arterial e diabetes, originando a chamada síndrome metabólica.

Uma outra doença inevitável após os sessenta anos é o aumento benigno da próstata. Só essa preocupação já provoca a redução do interesse sexual, pela diminuição da libido, apesar de que o aumento benigno não ocasiona por si só a perda da potência.

Estudos sobre o interesse sexual da mulher idosa mostram que é relevante a qualidade das experiências sexuais e não o número. Sabe-se que no mundo todo as mulheres sobrevivem aos homens por mais sete anos. As mulheres viúvas, solteiras ou separadas, de sessenta anos ou mais, têm dificuldade em manter um novo relacionamento duradouro, até pelo mito da juventude, cultivado pelos homens. Além disso, muitos relacionamentos estão arriscados a se basear somente no interesse financeiro.

Outro fator socioeconômico é a diminuição de renda de homens e mulheres após os sessenta anos. Mesmo contando com a aposentadoria, vêem seu poder aquisitivo ser rebaixado, gerando menor padrão de vida. Torna-se difícil o acesso a novas atividades de trabalho, por causa da idade, o que não ocorre em outros países.

Quando o casal preserva, na idade avançada, a compreensão e o companheirismo cultivados durante os longos anos de convivência, a transição para o período de menor libido e desejo sexual se processa suavemente, como decorrência natural das fases da vida.

Atualmente, já e possível tratar a disfunção erétil (impotência) com medicamentos, mas a satisfação do ato sexual por si só não é tão importante para o idoso sem uma resposta de carinho e amizade profunda entre o casal. O essencial é melhorar a qualidade do tempo de convivência, não a quantidade de relações sexuais.

A concepção do que seja amor vem se transformando nas diversas épocas. Nos anos sessenta, o psicanalista Erich Fromm já expôs muito bem essa questão no seu livro "A arte de amar": "A maior parte das pessoas vê no problema do amor, em primeiro lugar, o problema de ser amado, e bem menos o problema da própria capacidade de amar."

TERAPIAS HORMONAIS

A terapia hormonal (TH) e o uso de fitosteróides – plantas que contêm, na sua composição, substâncias que imitam os hormônios sexuais, tanto do homem, como da mulher – ainda não são um consenso entre os especialistas. A isoflavona é um hormônio vegetal encontrado na soja e em outros legumes, que imita a ação dos hormônios femininos. Esses hormônios diminuem nas mulheres a partir da menopausa.

Há cinco mil anos, a soja e outros vegetais, contendo isoflavona, já eram consumidos na Coréia e na Manchúria. Esse hábito alimentar pode ter contribuído para diminuir a incidência de câncer de mama e doenças cérebro-vasculares, em relação a outros países.

No Brasil, já estão sendo usados vários derivados da soja, principalmente para reduzir sintomas da menopausa, como ondas de calor, sudorese e atrofia vaginal. Esses alimentos contribuem também para diminuir taxas elevadas de colesterol e triglicérides; na osteoporose o seu uso se mostra eficaz, evitando a perda de massa óssea. Só há contra-indicação para pessoas alérgicas à soja.

Já o tratamento hormonal com produtos químicos está sendo restrito a alguns casos associados à artrite reumatóide e, talvez, à esclerose múltipla. A TH também deve ser evitada por mulheres com antecedentes de neoplasia familiar, assim como por aquelas que apresentam varizes ou alterações vasculares. A insulina utilizada pelos diabéticos tem ação diminuída nas pacientes que utilizam a TH. Estudos epidemiológicos recentes mostram que a incidência de câncer de mama pode aumentar 2,3% em mulheres que fizeram TH.

A diminuição do risco cardiovascular nas pacientes que adotam a TH não ficou totalmente comprovada e, atualmente a Sociedade Brasileira de Cardiologia não aceita mais a indicação da TH como proteção cardiovascular, devido ao surgimento de muitas alterações cardiovasculares em mulheres que ingeriram hormônios.

Após os cinqüenta anos, os homens começam a ter uma queda acentuada da testosterona, principal hormônio masculino; atingindo 20% nessa faixa etária. Cansaço físico sem razão clínica, desânimo e falta de desejo sexual constituem uma síndorme erroneamente denominada climatério masculino ou andropausa, em contraposição à menopausa da mulher. Os níveis de testosterona considerados normais em homens acima de cinqüenta anos situam-se entre 280 ng/dl a 800 ng/dl. O tratamento baseado em aplicações de testosterona só é recomendado se os níveis do hormônio estiverem abaixo desses limites.

Não se chegou ainda a um consenso no que se refere à utilização da testosterona em todos os homens com taxas diminuídas desse hormônio. Pesquisas têm comprovado que a testosterona não tem ação farmacológica no corpo cavernoso do pênis, por esse motivo não há efeito benéfico para a disfunção erétil. O seu uso também é contra-indicado nos pacientes em que já foi constatado o câncer de próstata ou com antecedentes familiares desse tipo de câncer. A longo prazo, pode também piorar mínimas alterações prostáticas, bem como provocar doenças cardiovasculares e até desencadear o câncer do intestino grosso. É contra-indicado para homens com diabetes.

O hormônio do crescimento (GH), muito em voga para os homens conservarem a juventude sexual e também para prevenir doenças cardiovasculares, ainda não apresenta resultados confiáveis para indicação indiscriminada, através de injeções. Além do tratamento ter preço muito elevado, essas injeções provocam dores articulares, inchaço nas pernas e aumento das mamas (ginecomastia). Outras conseqüências graves são a obesidade e a atrofia dos testículos. Os únicos benefícios constatados são a melhora da anemia e o retardamento da osteoporose.

Somente em 2007, após a conclusão de um grande estudo mundial, talvez tenhamos a indicação precisa para as várias terapias hormonais, principalmente a do hormônio masculino, sem tantos efeitos colaterais – possivelmente surgirão tratamentos menos agressivos. O Projeto GENOMA e a pesquisa das células-tronco estarão mais avançados, trazendo imensa contribuição.

DISFUNÇÕES SEXUAIS

O pênis ereto sempre foi símbolo de poder – basta ver as estátuas gregas.

As disfunções sexuais nem sempre são devidas apenas ao homem. Na mulher ocorre o vaginismo, quando ela sente dor e desconforto nas relações. Pode também ocorrer a dificuldade em atingir o orgasmo, que por vezes ela finge sentir, para não desagradar o parceiro.

Outras causas dessa disfunção na mulher encontram-se na inibição do desejo sexual, pelas mais diversas razões, como também se dá no período da maternidade. Em casos extremos, a mulher pode chegar a uma fobia, por medo e recusa ao ato sexual. A maioria dessas disfunções tem origem psíquica e não orgânica, tratável com medicamentos e psicoterapia.

No homem, a disfunção erétil, denominação da impotência sexual, pode apresentar muitas causas. Estudos científicos comprovam que 30% dos casos referidos como impotência são orgânicos e 70% psicológicos.

Quando se instala a impotência antes do envelhecimento, pode estar relacionada a outras doenças, como hipertensão arterial, diabetes, altas taxas de colesterol e triglicérides, excesso de cigarro, doenças neurológicas e neoplasias.

Em 1987, um dos primeiros estudos, realizado em Massachussets (USA), abrangendo 1709 homens com idades entre quarenta e oitenta anos, mostrou que 35% tinham disfunção erétil quase total e 65% total. Fatores emocionais, como depressão, que atinge mais a terceira idade, constituem a maior causa de impotência. Em seguida, vem diabetes e as doenças já mencionadas.

Em 1998, foi lançado pioneiramente no mundo inteiro o citrato de sildenafil, o popular Viagra, que revolucionou o tratamento da impotência, assim como a pílula anticoncepcional repercutiu para a mulher nos anos sessenta.

Ambos os medicamentos apresentam algumas contra-indicações. Homens com angina de peito que tomam nitrato não devem ingerir sildenafil, para não sofrer queda de pressão ou até colapso cardíaco. Mulheres que tomam anticoncepcionais por muito tempo também apresentam problemas de saúde, como trombose venosa. Procedimentos como implante de prótese peniana, reposição hormonal ou injeção intra-cavernosa de drogas devem ter indicações médicas individualizadas.

A "pílula do homem" trouxe a promessa de felicidade sexual definitiva. Seguindo as recomendações médicas do seu uso, muitos casamentos e uniões estáveis têm sido preservados.

Novos produtos foram lançados, inclusive no Brasil, como Tadalafila, assegurando ereção de vinte quatro a trinta e seis horas. Em nosso país, mais liberado na libido, devido ao clima e às tentações tropicais, a aquisição dessas drogas e de outras similares, sem receita médica, pode provocar o incentivo a aventuras sexuais sem vínculo afetivo, ocasionando conflitos entre os casais. Será este o destino reservado ao homem do futuro? Ou será que o tédio irá levar as próximas gerações a preferir o sexo virtual, via internet?

AIDS NA TERCEIRA IDADE

Para o cientista espanhol Hernán San Martin "toda doença é um fenômeno social, porque tem componentes sociais que a originam e conseqüências para a sociedade. Mas, mesmo quando todas as doenças estão relacionadas a fatores sociais e produzem alguma repercussão sobre a sociedade, certas doenças têm maior significado para a comunidade do que outras, devido às suas características epidemiológicas. O problema deixa de ser individual e passa a ser de incumbência coletiva, cada vez que na sua solução dominam fatores sociais e, por fim, requer ação comunitária organizada."

A Aids ou Sida (síndrome de imunodeficiência adquirida) espalhou-se pelo mundo desde 1980 e, certamente, se enquadra no contexto acima, por ser uma pandemia, ou seja, uma epidemia que afeta o mundo inteiro e não poupa nenhuma faixa etária. Está no quarto lugar entre as doenças mais letais.

Até os anos 90, acreditava-se que no período da juventude as relações sexuais deixavam sensações agradáveis, enquanto na velhice, mesmo permancendo o desejo, a atuação sexual declinava. A partir dessa década, já se admite que o desejo sexual não diminui com a idade avançada, e relações sexuais foram mantidas, porém, sem preventivos.

Estudos mundiais confirmam que 70% de homens acima de setenta anos mantêm relações sexuais e, após os oitenta anos, um em cada dez indivíduos estão ativos sexualmente, com o estímulo das drogas para disfunção erétil.

A intensa atividade sexual gerou, nos últimos dez anos, um aumento da incidência de Aids em pessoas com mais de cinqüenta anos. Nos congressos das Sociedades de Geriatria e Gerontologia o impacto da Aids nos idosos tem sido pouco avaliado.

Em muitos casos, as pessoas idosas que perderam o cônjuge são as mais atingidas. Homens e mulheres tornam-se solitários e ficam fragilizados, podendo ser seduzidos por indivíduos portadores da doença. Agravada por moléstias recorrentes nos idosos, a Aids provoca piora no estado geral.

Até pouco tempo, os cuidados de prevenção da Aids eram dirigidos somente aos homossexuais e jovens viciados em drogas. Essa atenção agora está também voltada para pessoas com mais de sessenta anos, que foram incluídas em grupos de risco. Na realidade, 40% das pessoas com mais de sessenta e cinco anos praticam sexo como se fossem jovens, sem nenhuma proteção.

Pesquisas recentes realizadas na África do Sul mostraram que 65% de homens circuncidados, entre dezoito e vinte quatro anos, não contraíram Aids, apesar de não usarem "camisinha". A explicação está no prepúcio, camada de pele que recobre o pênis, e possui células com múltiplos receptores para diversas doenças, como a Aids, o que ocorre com menos freqüência nos circuncidados. As pesquisas continuam em andamento.

Os principais sintomas da Aids são: febre persistente, emagrecimento sem causa aparente, fadiga diária e aumento de gânglios. Após história clínica minuciosa, o médico solicita um exame de sangue, para verificar a existência do vírus HIV. Outras doenças associadas a Aids, denominadas "oportunistas" são: tuberculose pulmonar, várias formas de pneumonia e doenças de pele, como o herpes zoster. O AZT, que é a droga de escolha para o tratamento da Aids, não apresenta, infelizmente, nos idosos a mesma eficácia verificada no tratamento dos jovens.

Deve-se salientar que o uso de preservativos, como a camisinha, é imprescindível para as relações sexuais eventuais, quando o conhecimento do parceiro é recente. Qualquer que seja a preferência sexual, o idoso deve saber que o comportamento de risco é dele, ao se relacionar sexualmente com pessoas pertencentes a um grupo de risco.

Chegar à terceira idade deve ser visto como um privilégio ou graça de Deus. Não se pode desperdiçar essa oportunidade de vida, envolvendo-se em aventuras que possam trazer conseqüências irremediáveis.

Atividade física

MEXA-SE E VIVA MAIS TEMPO

A população que mais vem crescendo no mundo está na faixa etária acima de sessenta e cinco anos. A descoberta de novos tratamentos e remédios, orientação alimentar e, naturalmente, exercícios físicos vêm contribuindo para isso. Num futuro próximo, o desenvolvimento das células-tronco também será relevante para esse aumento.

O que se questiona é a qualidade de vida, pois 85% dessas pessoas já apresentam uma ou mais doenças, como artrite (a mais comum), diabetes, hipertensão arterial, depressão, além da temível demência senil (mal de Alzheimer).

Pesquisadores dedicados ao estudo do envelhecimento acreditam que se houvesse um perfil genético ideal, além de cuidados com a saúde, o ser humano poderia viver até cento e vinte anos. O Projeto Genoma, em evolução, mostrará em breve essa possibilidade.

Os danos provocados no organismo pelo passar dos anos estão estreitamente ligados à falta de atividade física, ainda que o processo de envelhecimento seja inevitável. O objetivo dos exercícios é obter uma vida mais saudável, parafraseando a expressão "morrer mais jovem o mais tarde possível".

Somente há dez anos o sedentarismo foi reconhecido como um fator de risco. No entanto, Hipócrates, considerado o Pai da Medicina, já dizia que andar é o melhor remédio para o ser humano. De fato, o sedentarismo ainda é mais prejudicial que o excesso de peso.

A vantagem da movimentação diária é que ela é cumulativa para o organismo. Pode-se andar trinta minutos seguidos por dia ou fazer exercícios diversos de quinze minutos, duas vezes ao dia, obtendo o mesmo resultado. Antes de ir para o trabalho, outros exercícios, seja bicicleta ergométrica ou esteira, trazem o mesmo efeito. Andar de bicicleta, cuidar do jardim, dançar, nadar ou praticar algum esporte são prazeres saudáveis. O importante é não ficar parado por mais de três dias.

Quais os benefícios para o organismo como um todo? O cérebro, que necessita de boa oxigenação constante, é o primeiro órgão a se beneficiar, otimizando suas funções, inclusive a memória. A eliminação de toxinas, através do suor, previne o envelhecimento precoce da pele. O fluxo mais rápido do sangue melhora as funções do coração. A movimentação constante das articulações produz menos desgaste, prevenindo a osteoporose, tanto em homens, como em mulheres, pois ocorrem a diminunição da gordura e o fortalecimento da musculatura; o cortisol, hormônio do estresse, diminui e há aumento da concentração de hormônios sexuais, tais como testosterona e progesterona, melhorando o desempenho sexual.

Depois de conhecer todas essas vantagens, que tal um exerciozinho? Para saber quais são os melhores exercícios a praticar, principalmente em relação a esportes pesados, como halteres, consulte o seu médico, que solicitará alguns exames, incluindo um teste ergométrico. Após essa avaliação, poderá indicar os exercícios e esportes mais adequados à sua idade.

Lembre-se: é possível ganhar até mais dois anos de vida a cada trinta minutos de exercícios diários.

Mexa-se! Ainda dá tempo hoje.

CAMINHADA E ESPORTES

Os benefícios dos exercícios físicos na terceira idade já são bem conhecidos e divulgados nos vários meios de comunicação, mas os efeitos comprobatórios da redução da mortalidade, causada principalmente pelas doenças coronarianas, só se tornaram conhecidos há pouco tempo.

A partir de 1996, com a publicação de um estudo denominado *The Honolulu Heart Program*, ficou comprovado o resultado benéfico de caminhadas diárias em idosos de 70 a 95 anos. Constatou-se a diminuição de doenças coronarianas nesse grupo estudado, em comparação com outros indivíduos da mesma faixa etária, que não praticavam exercícios.

Como outros efeitos colaterais favoráveis, foram observados também a melhora da depressão, artrose e diabetes, diminuição da obesidade e dos altos níveis de colesterol e triglicérides.

Além de ser divertido, o exercício físico praticado regularmente, meia hora por dia, três vezes por semana, aumenta a taxa do bom colesterol (HDL), mantém a pressão arterial em níveis desejáveis (com auxílio de medicamentos), favorece a capacidade respiratória, enrijece os músculos, estimula a formação de massa óssea, evitando suas perdas, e desperta a libido sexual, pela redução do cortisol, hormônio causador do estresse. O sono será mais tranqüilo e haverá mais prazer em olhar-se no espelho.

Para o melhor aproveitamento de exercícios ou esportes deve-se contar, de preferência, com uma equipe multidisciplinar, com professor de educação física, fisioterapeuta, nutricionista e psicólogo. Antes de iniciar qualquer esporte, o médico deve ser consultado. Ele indicará alguns exames necessários, de acordo com cada caso. Mesmo que o paciente não apresente nenhuma patologia, o teste ergométrico é solicitado para verificar se não há alterações nas artérias coronárias.

Estando definido com o médico e o instrutor o tipo de exercício ou esporte mais adequado ao seu caso, não inicie nada em jejum – tome sempre um copo de suco natural (laranja ou outra fruta) e coma uma pequena barra de cereais. Esse desjejum é suficiente para evitar as câimbras e a hipoglicemia nos diabéticos.

Faça os exercícios ou esportes que mais combinam com a sua maneira de ser. Não se deixe influenciar por modismos, que às vezes têm apenas apelo comercial. Todos os exercícios devem ter finalidades variadas, não se limitando a trabalhar somente um órgão.

Cuidados importantes devem ser tomados, como o uso de roupas confortáveis, adequadas a cada época do ano, assim como do tênis ou calçado apropriado. Horários de sol muito forte devem ser evitados. Procure tomar um copo de água antes, durante e após a prática, para que o rendimento seja o melhor possível.

Como saber quando parar o exercício? O seu próprio organismo, conforme for se acostumando, com o passar dos dias, determinará o ponto de parada. Para uma pessoa de 60 anos ou mais, esse ponto pode ocorrer em função da freqüência cardíaca, estabelecida anteriormente pelo médico.

Se o paciente estiver com excesso de peso, não é recomendável praticar um esporte de forte impacto, como longas corridas, futebol, lutas marciais ou step, para não ocorrerem mais facilmente contusões, entorses ou outras lesões, que irão impossibilitar a atividade física por dias ou meses.

O melhor exercício e o mais recomendado mundialmente ainda é a caminhada, pelos efeitos benéficos já mencionados. Deve ser feita de preferência pela manhã, ao ar livre, até as dez horas, devido à ação dos raios infravermelhos nesse horário. Mas se a pessoa está habituada a despertar mais tarde, a caminhada pode ser feita à tarde, após as 17 horas ou de acordo com o horário de verão. Recomenda-se que seja feita em algum clube ou local seguro, para evitar quedas nas calçadas.

Não há idade limite para a prática do exercício físico, desde que o médico oriente. A melhora já será notada após trinta minutos de caminhada, com a sensação de bem-estar, devida a liberação, no cérebro, de uma substância chamada beta-endorfina.

Então, vamos caminhar!

FATORES DE RISCO À SAÚDE – ACIDENTES

Prevenção de quedas

No momento em que uma pessoa cai, geralmente todos dão risada (quando acontece com os outros, naturalmente...). Na maioria das vezes, a pessoa que cai levanta, sacode a poeira e segue em frente, mas no caso de um idoso, se tiver osteoporose, uma simples queda pode até originar uma fratura.

Está comprovado que 30% de pessoas até sessenta e cinco anos sofreram queda uma vez por ano, devido a diversas causas. Quanto a pessoas com mais de oitenta anos, 40% apresentam gravidade na queda.

Sempre se recomenda que os pacientes andem a pé, pelo menos meia hora por dia, para manter o coração em forma e fortificar os ossos, mas é preciso ter cuidado com as calçadas, geralmente mal conservadas. É preferível caminhar num espaço fechado, como um clube, que, inclusive oferece maior segurança.

Devem merecer maior atenção as pessoas com problemas de visão, como catarata, e também portadores de outras moléstias: labirintite, doença de Parkinson, esclerose múltipla além das que tomam medicamentos com eventuais efeitos colaterais sobre o equilíbrio; para essas pessoas é conveniente não sair de casa sozinhas.

É necessária a adaptação especial no interior das moradias, com projetos de ambientes adequados a diversas incapacidades. Podem ser instalados, por exemplo, vários pontos de telefone ou sugerido o uso de telefone celular; os utensílios de cozinha devem ficar em local de fácil acesso, sem necessidade de agachar-se; dentro do banheiro, barras de madeira ou aço são indicadas, tanto no chuveiro como perto do vaso sanitário; orienta-se também para que a porta do banheiro não seja fechada com chave; não se pode esquecer o uso de tapetes antiderrapantes, não só no banheiro, como em demais dependências da casa; com assoalho de madeira, é aconselhável a aplicação de cera antiderrapante; ao despertar, é melhor sentar-se na cama por um minuto, porque quando se acorda, geralmente há uma queda de pressão que pode provocar tontura, dificultando o movimento; os interruptores de luz devem ficar a uma distância fácil de ser alcançada; sempre é aconselhável manter uma iluminação entre o quarto de dormir e o banheiro; quanto a escadas, que representam maior risco, sugerem-se corrimões em ambos os lados e interruptores de luz, tanto no início, como no topo da escada. O ideal é marcar com tinta fosforescente o primeiro e o último degraus ou mesmo todos eles.

Apesar desses cuidados, é preferível que o idoso durma na parte térrea. Também se recomenda não andar dentro de casa, usando chinelos com meias. É preciso evitar sapatos de salto alto e verificar se a sola não está gasta.

O idoso reluta em usar bengala, mesmo com recomendação médica. O importante é que ele se conscientize de que é melhor se proteger, para evitar uma fratura, que até pode exigir cirurgia. A internação prolongada, nesses casos, pode levar a uma pneumonia. Apesar das pesquisas científicas, ainda não há uma estratégia cem por cento eficaz a ser adotada na redução da taxa de quedas. Seguindo essas recomendações, muitos riscos podem ser evitados.

Os dez maiores riscos para a saúde

A Organização Mundial de Saúde divulgou, recentemente, a lista dos dez maiores riscos para a saúde, responsáveis por 40% dos cinqüenta e seis milhões de óbitos anuais.

Em primeiro lugar está a hipertensão arterial, doença insidiosa responsável por 13% da mortalidade mundial. Em seguida, vêm outros fatores relevantes: cigarro, colesterol aumentado (quatro milhões e meio de mortes por ano), subalimentação, sexo sem proteção (Aids), alcoolismo, má qualidade da água, fumaças de combustíveis sólidos, falta de ferro e obesidade.

As alterações, tanto do colesterol total, que engloba o bom colesterol – HDL – e o mau colesterol – LDL –, como também o aumento dos triglicérides são graves fatores de risco para a doença arterial coronariana.

Os critérios estabelecidos pela Sociedade Brasileira de Cardiologia passaram a seguir novas diretrizes. Assim, a taxa do colesterol total, considerada normal até 240 mg, foi rebaixada para 200 mg ou menos, para pessoas acima de vinte anos. O HDL desejável deve manter-se igual ou acima de 40 mg ou mais. O LDL, fração mais perigosa, precisa ser inferior a 100 mg.

Triglicérides são frações retiradas de alimentos gordurosos, tanto animais como vegetais. Também existem triglicérides fabricados no fígado, onde parte circula e parte vai para certos tecidos, contribuindo para formar as tais gordurinhas a mais. O limite de medida dos triglicérides foi rebaixado para 150 mg ou menos, para pessoas acima de vinte anos.

A obesidade leva ao aumento de vários órgãos, principalmente do abdome, e há uma relação entre a medida da cintura e as doenças coronarianas. As medidas ainda estão sendo discutidas pelas sociedades médicas, tanto de Cardiologia, como de Endocrinologia. O consenso atual brasileiro estabelece o máximo de 94 cm para o homem e 80 cm para as mulheres. Os últimos dados informam que 32,4% da população brasileira tem colesterol total acima de 200 mg e 21,2% tem triglicérides acima de 150 mg.

A partir dos 45 anos, é bom ficar atento à prevenção, principalmente se há história de doença coronariana na família. Os cuidados devem ser redobrados no caso de fumante, diabético, hipertenso ou diante de aumento de peso. Para esse controle, são necessários os exames de laboratório periódicos, por indicação médica.

Aperte o cinto

Cada vez mais os médicos recomendam perder peso, principalmente, diminuir muitos centímetros na região abdominal. A expressão "apertar o cinto" sempre significou cortar despesas. Agora vamos "seguir ao pé da letra": perder peso e ajustar o cinto.

Dá-se o nome de síndrome metabólica ao conjunto de doenças, como diabetes e hipertensão arterial, quando associadas à obesidade e à gordura localizada, principalmente no abdome. Esse conjunto de doenças pode vir a provocar infarto e derrame cerebral. Estudos científicos realizados recentemente na Noruega e nos Estados Unidos pelas companhias de seguros comprovaram que o diabetes e a hipertensão arterial estão intimamente ligados ao aumento da gordura abdominal. Para saber se há propensão a essas doenças, pode-se pegar uma trena e medir a cintura: se for homem, até 94cm ainda é normal; para mulher, 80 cm.

O cuidado deve ser maior na faixa de cinqüenta a setenta anos, idades em que as doenças que podem provocar a síndrome metabólica mais ocorrem no Brasil, correspondendo a mais de 30% da população. Esse tipo de gordura não pode ser eliminado pela lipoaspiração.

As taxas normais de triglicérides, do "bom" colesterol – HDL –, e do "mau" colesterol – LDL – não significam que essa síndrome não possa se manifestar. Entretanto, seguindo algumas regras básicas, essas doenças podem ser atenuadas. É preciso selecionar alimentos que contenham gorduras não saturadas, com menos calorias – caloria é a unidade que mede a produção de energia dos alimentos. Peixes e certas margarinas (desde que não sejam utilizadas em frituras, para não produzir as gorduras trans) ou azeite de oliva extra-virgem exemplificam esse tipo de alimento.

O ideal é seguir uma dieta balanceada de 1200 calorias por dia, até atingir o peso ideal, e depois manter uma alimentação variada, de até 1500 calorias por dia, cuidando para não aumentar mais a cintura. Naturalmente, a supervisão médica é necessária.

Após os sessenta anos, é importante consumir mais alimentos com cálcio e vitamina D, encontrados no leite desnatado, queijo branco, iogurte e vegetais verde-escuros. O médico pode organizar um cardápio, de acordo com a doença e a predileção alimentar. A quantidade de água contida no café, nos sucos e nos refrigerantes, mesmo sendo dietéticos, não substitui o valor da água filtrada pura, a ser ingerida diariamente.

Recomendações para seguir sempre:

- escolher bem os alimentos e líquidos. Preparar um cardápio variado para cada semana. Se houver várias doenças associadas, procurar nutricionista para elaborar um cardápio adequado;
- não fumar;
- fazer exercícios diários, como caminhadas de meia hora ou outros do seu agrado;
- consultar o médico pelo menos uma vez ao ano, fazer os exames solicitados, para saber se há diabetes, pressão alta ou ácido úrico, colesterol e triglicérides aumentados;
- tentar reduzir o estresse ou aprender a conviver com as tensões diárias;
- reservar diariamente algum tempo para o lazer individual.

E depois do infarto?

Mesmo em pleno século XXI é difícil ter controle de todos os fatores que podem ocasionar problemas coronarianos.

Já se sabe que hipertensão arterial, cigarro, aumento do colesterol e estresse são fatores importantes no desencadeamento de um quadro cardíaco. Diabetes, obesidade e caracteres genéticos também são responsáveis por doenças do coração.

Como nas décadas de 50 e 60 não se conheciam os efeitos benéficos dos exercícios, até subir escadas era proibido a um paciente infartado! Em filmes dramáticos dessa época, quando uma personagem deveria ser eliminada, era só sugerir que subisse vários lances de escada... Hoje, quarenta anos depois, os procedimentos médicos são o oposto do que se recomendava. Trinta dias após a cirurgia de revascularização coronária, ou mesmo após o infarto sem cirurgia, a recomendação é caminhar, subir escadas e fazer exercícios com acompanhamento especializado.

Um dos impasses observados pelo médico é a reação do paciente, que não aceita a incapacidade pós-infarto, geralmente temporária. Surge a ansiedade, como decorrência do medo de que o quadro da doença se repita em casa . Há ainda o receio de não mais poder exercer, como antes, a atividade profissional, tornando-se "inútil". Se essa ansiedade se prolongar, deve ser tratada imediatamente, com psicoterapia e medicamentos.

A ansiedade contínua pode causar maior liberação de adrenalina, provocando uma nova isquemia silenciosa, o que é muito mais grave – pode levar à morte. É fundamental que o médico esteja atento a essas conseqüências, prescrevendo dieta e exercícios, e ajudando o paciente a identificar os fatores da ansiedade. A meditação e a psicoterapia de grupo são instrumentos valiosos nessa fase da doença.

Cabe ao médico estimular o paciente a falar de seus problemas após o infarto, informar o que sente quando faz caminhadas e verificar se os exercícios recomendados estão sendo prazerosos. Há casos em que são desconfortáveis, e é preciso adequá-los a cada pessoa. A dieta deve ser controlada, acrescida de vitaminas e sais minerais, se necessário, após avaliação de novos exames laboratoriais.

Na orientação à família, é fundamental estar atento à superproteção. Muitas vezes, o paciente se sente quase inválido, pelas atenções exageradas de amigos e parentes – atenção faz bem, mas o excesso é prejudicial. É melhor deixar o paciente andar com as próprias pernas, para recuperar a auto-estima e voltar aos poucos à sua rotina, não se sentindo constrangido por sobrecarregar a família, o que pode levar a uma depressão.

Quem sabe será mais benéfica uma nova atividade? Repensar a vida faz bem ao paciente, que tem bastante tempo livre para meditar sobre novas opções.

DOENÇAS NA TERCEIRA IDADE

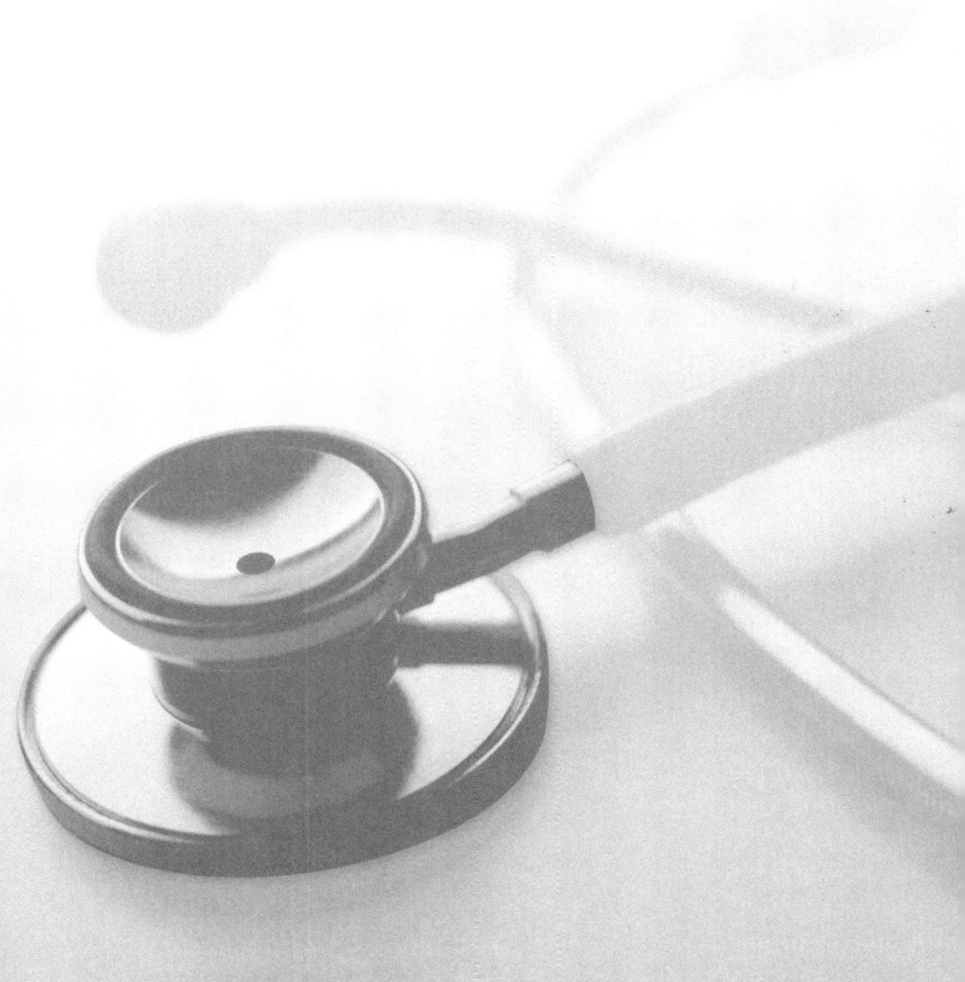

Doenças arteriais e venosas

HIPERTENSÃO ARTERIAL - ASSASSINA SILENCIOSA

A denominação "assassina silenciosa", dada à hipertensão arterial pela *American Heart Association*, tem uma razão: muitas vezes, essa doença não apresenta sintomas ou estes passam despercebidos ao paciente. O tratamento continua sendo o maior desafio médico-social em todo o mundo, independente do nível de desenvolvimento do país.

De fato, neste século, a hipertensão constitui uma das maiores dificuldades para tratamento em saúde pública. Não é sem razão que a Organização Mundial de Saúde (OMS) colocou essa doença em primeiro lugar entre os dez maiores riscos à saúde, responsável por 13% da mortalidade mundial.

Por estudos comparativos em várias populações, 50% das pessoas desconhecem que são hipertensas e, entre os demais 50%, apenas 25% se tratam corretamente.

Como saber se um paciente é hipertenso? A pressão arterial deve ser sempre verificada por médico habilitado, estando a pessoa em condições de repouso e nunca aleatoriamente, quando estiver andando na rua. A pressão pode ser medida nos braços ou nas pernas (quando há suspeita de outras lesões associadas), como também pode ser medida quando o paciente está em pé, para comparar os resultados.

O sangue é transportado do coração pelas artérias e veias para todos os órgãos do corpo. A pressão arterial corresponde, portanto, ao esforço do sangue, passando pelas paredes desses vasos. Quando o coração se contrai, a pressão é maior e por isso se chama sistólica. Entre os batimentos, o coração tem um breve repouso, a pressão diminui e é chamada diastólica.

O quadro abaixo define os níveis de pressão arterial normal e alterada.

	Sistólica (mmHg)	Diastólica (mmHg)
Normal	menor que 130	menor que 85
Normal/Alterada	130-139	85-89
Alta	140 ou mais	90 ou mais

Assim como cada raça tem patologias específicas, a raça negra é mais propensa a hipertensão arterial. Quanto ao sexo, as mulheres são mais atingidas.

Até pouco tempo, considerava-se normal uma pressão arterial de até 140 por 90 nos pacientes idosos, porque se entendia que a pressão sistólica aumentaria progressivamente com a idade. Estudos mais recentes comprovaram que esses níveis de pressão foram um dos fatores responsáveis por doenças cardiovasculares e acidentes vasculares cerebrais (AVC). O que se deve levar em consideração é que o idoso nem sempre é portador de uma só patologia. A hipertensão geralmente está associada a diabetes, obesidade, depressão, alterações de colesterol e triglicérides, ácido úrico, além do vício do fumo.

Para os pacientes que apresentam essas alterações, o geriatra deve fazer um acompanhamento particularizado, visando melhoria das doenças associadas, prescrevendo medicamentos anti-hipertensivos, que não interajam prejudicando as outras patologias. As doses dos medicamentos devem ser adaptadas, para que não ocorra hipotensão ortostática, como a queda de pressão arterial quando o paciente se levanta da cama, podendo sofrer até quedas traumatizantes.

Também deve-se dar atenção à obesidade, que triplica o risco de doenças cardiovasculares, bem como à ingestão diária de sal. Uma sugestão é eliminar o saleiro da mesa, conservando-o apenas como peça decorativa.

Praticar exercícios diários, parar de fumar, ingerir água, comer muitas frutas, legumes e verduras para aumentar a quantidade de potássio no organismo, bem como a adesão permanente ao tratamento medicamentoso são requisitos para reduzir os riscos graves da hipertensão arterial. A adesão ao tratamento é um programa de saúde para a vida inteira.

TROMBOSE VENOSA PROFUNDA

Esta patologia, tão temida atualmente por quem faz longas viagens aéreas, ficou conhecida com seus elementos desencadeantes após a publicação científica de Rudolph Virchow (1821-1902), grande médico, patologista, antropólogo e etnólogo alemão. Descrita em 1856, caracteriza-se por lesão na parede das veias, parada do sangue nos vasos e hipercoagulabilidade sanguínea.

Geralmente, os pacientes acima de 45 anos são os que mais sofrem, devido à redução da velocidade sanguínea nas veias, principalmente por ficarem muito tempo sentados, mesmo não sendo em viagens aéreas. Ocorre a formação de trombos (coágulos), obstruindo vasos sanguíneos e prejudicando a circulação do sangue em vários órgãos, como membros inferiores, pulmões e cérebro. Esses coágulos podem, eventualmente, migrar para o pulmão e até provocar a fatal embolia pulmonar. Mulheres jovens que estejam tomando anticoncepcionais também estão sujeitas a sofrer dessa doença.

A denominação síndrome da classe econômica teve origem nas ocorrências de trombose venosa profunda nas pernas, freqüentes em vôos internacionais, porque a maioria dos aviões não possui assentos confortáveis na classe econômica. O passageiro não pode esticar as pernas, que ficam comprimidas entre a poltrona e o encosto do lugar à sua frente.

Devido a vários processos ganhos na justiça por pessoas que adoeceram e ficaram com seqüelas pelo desconforto dos vôos, as companhias de aviação começaram a orientar os passageiros, adotando medidas a serem seguidas em vôos de mais de dez horas de duração. Hoje, já é obrigatória a colocação de um cartaz ilustrativo, no encosto do banco à frente, com detalhes de exercícios com as pernas.

Além das longas viagens aéreas, há várias outras situações de risco para essa doença, sendo as mais freqüentes: politraumatismos, anestesia geral prolongada, imobilização no leito e hospitalização por muitos dias. Doenças cardíacas e respiratórias também causam predisposição à trombose.

Vários fatores de risco podem contribuir para o aparecimento da trombose venosa profunda (TVP). Entre os principais estão a presença de varizes prévias, obesidade, uso de anticoncepcionais e terapias de reposição hormonal (por homens e mulheres), gestação ou período pós-parto e doenças genéticas. Há propensão maior de TVP em pessoas portadoras de diversos tipos de câncer.

A principal e mais grave complicação é o tromboembolismo, em que uma parte do trombo (coágulo), formado nas veias profundas das pernas, percorre a corrente sanguínea e vai se alojar nos vasos do pulmão ou do cérebro, podendo ocasionar morte iminente.

Os portadores de doenças cardíacas (fibrilação auricular e próteses metálicas de válvulas), os pacientes em que foi feita a revascularização cardíaca e que tomam medicação anticoagulante, como também os que sofrem de varizes devem consultar o médico angiologista antes de longas viagens. Se já estiverem tomando anticoagulante, é necessário seguir uma dieta especial, evitando alimentos ricos em vitamina K (couve, chá verde, espinafre, brócolis, alface, repolho e nabo), pois a sua ingestão não controlada pode alterar a ação do anticoagulante. Nesse caso, é desaconselhada a aspirina durante o vôo, pelo risco de hemorragia.

Nas viagens de avião, o pessoal de bordo costuma sugerir caminhadas dentro da aeronave, quando não há turbulência, e exercícios de flexão dos dedos dos pés, tornozelos e joelhos. Os sapatos devem estar folgados nos pés, como também são indicados chinelos ou sapatilhas. Não é aconselhável tomar pílulas para dormir, pois é preciso ficar atento a esses exercícios.

O uso de anticoagulantes antes da viagem pode ser recomendado pelo médico. A prevenção é necessária para não aumentar a estatística brasileira, que aponta mais de 17 milhões de pessoas com trombose venosa profunda.

Câncer

FIBRAS E PREVENÇÃO DO CÂNCER

Existe na Inglaterra um "Fundo Mundial para Pesquisas de Câncer" ("World Cancer Research Fund – WCRF"). Há pouco tempo essa instituição divulgou uma lista dos vinte principais alimentos que, ingeridos diariamente, podem ajudar na prevenção de vários tipos de câncer do aparelho digestivo (esôfago, intestino e reto).

Um antigo provérbio chinês diz: "Se não se conhece o pai da doença, a mãe, certamente, é uma alimentação deficitária."

Uma alimentação composta por diversas fibras produz melhor absorção gastrointestinal. As fibras alimentares são constituídas por substâncias não digeríveis pelas enzimas do intestino delgado. Algumas dessas fibras contêm celulose, pectina, goma, mucilagem e lignina, e são encontradas em frutas, legumes e vegetais; ingeridas regularmente, controlam as funções gastrointestinais.

Recentes estatísticas mundiais revelam que 65% de óbitos em pessoas com até 65 anos são causados por doenças cardiovasculares e câncer. Um estudo mundialmente reconhecido há vários anos revelou que a incidência de câncer de próstata foi maior entre imigrantes japoneses nos Estados Unidos do que na população que permaneceu na terra de origem. Um dos fatores dessa mudança foi a alimentação no novo país, que passou a conter menor quantidade de fibras, frutas, legumes e verduras e mais gorduras saturadas.

Desde os anos noventa intensificaram-se as pesquisas relativas aos numerosos fatores que podem provocar o câncer. O tipo de alimentação é um dado predominante (35%) entre as diversas causas de morte por câncer. Outras causas são devidas a cigarro, álcool, aditivos alimentares, trabalhos em locais de risco ambiental, poluição, além de fatores ainda desconhecidos.

Não há mais dúvida sobre a predisposição genética ou familiar para algumas formas de câncer, como o da mama, próstata e reto. Por esse motivo, não se pode assegurar que só a dieta rica em fibras, considerada saudável, seja uma garantia para o não aparecimento do câncer, mas pode-se afirmar que vários cuidados, como ingerir alimentos adequados, não fumar, evitar demasiada exposição ao sol, administrar o estresse, tratar precocemente diabetes e hipertensão, evitar obesidade e fazer caminhadas diárias de trinta minutos irão proporcionar mais vida com mais saúde.

VINTE ALIMENTOS INDICADOS PARA A PREVENÇÃO DE CERTOS TIPOS DE CÂNCER, SEGUNDO O WCRF

LEGUMES E VERDURAS	FRUTAS	OUTROS ALIMENTOS
agrião	castanha-do-pará	arroz integral e outros cereais
alho	kiwi	azeite-de-oliva virgem e extra-virgem
batata-doce	laranja	salmão
brócolis	manga	pão integral
cebola	morango	sementes de girassol
cenoura		
couve-de-bruxelas		
espinafre		
repolho		
tomate		

A ARMADILHA DO CÂNCER - I

Somente quando alguma personalidade em evidência na mídia divulga publicamente ser portadora de câncer, doença maligna que acomete no mundo inteiro tanto adultos quanto crianças, é que as pessoas se lembram de correr ao médico e fazer um *check-up*. Menos mal!

Até pouco tempo, quando algum membro da família tinha câncer, nada se comentava e, muitas vezes, o próprio doente ignorava o diagnóstico. Nem se pronunciava a palavra câncer – sussurrava-se às escondidas "aquela doença". O acesso à comunicação e à prevenção de diversos tipos de câncer contribuíram para que mais pessoas realizassem exames médicos. Comprovada a enfermidade, a maioria procura expor seus problemas, no sentido de facilitar a terapia e ajudar outras pessoas em situação semelhante.

Sabe-se hoje que a possibilidade da cura de um câncer está na razão direta do diagnóstico precoce. A mulher procura assitência médica com mais assiduidade do que o homem e está mais sujeita a câncer de mama e do aparelho genital. O homem, atualmente, apresenta maior incidência de câncer na cavidade bucal, laringe, estômago, pulmão e próstata. O câncer de próstata, na fase inicial, pode ser diagnosticado por um bom urologista, somente com o toque retal.

Já há comprovação de pesquisas científicas em todo o mundo de que o cigarro causa câncer, não importa a classe social da pessoa. Nos homens fumantes com mais de quarenta anos, o câncer brônquio-pulmonar apresenta uma freqüência de 95% dos casos. Essa estatística ocorre em pleno século XXI, apesar das embalagens de cigarro trazerem a advertência: "fumar provoca certos tipos de câncer". Que fazem os fumantes? Trocam de marca de cigarro por outra de teor *light*. Fumando essa marca, pode-se ter um câncer mais *light*...

O câncer tem diversas formas e nomes. *Carcinoma* é igual a câncer? Sim. É o tipo mais comum dessa doença. Surge na boca, brônquios, útero, ovários e próstata. *Sarcoma* refere-se ao tipo de tumor em músculos e fibras. *Linfomas* são os que atacam os glóbulos brancos do sangue, como nas doenças de Hodgkin e não-Hodgkin. Um dos piores tipos de câncer de pele denomina-se *melanoma*, pois vem dos melanócitos, células que produzem o pigmento ou cor da pele. A *leucemia* ocorre quando os glóbulos brancos produzidos pela medula óssea aumentam desorganizadamente. *Gliomas* são cânceres que atingem a medula espinhal e o cérebro.

A maioria dos tipos de câncer citados provoca metástases, lesões à distância, atingindo outros órgãos; como, por exemplo, o câncer de pulmão produz metástase na bexiga, e o câncer de pele pode dar metástase no pulmão.

O câncer pode ser hereditário? Seria fácil supor que há uma predisposição familiar, mas ainda não há comprovação para todas as formas de câncer. As formas mais aceitas como de risco familiar são os de mama e ovários nas mulheres, e os de intestino grosso e reto, em ambos os sexos. Havendo comprovação de uma dessas doenças pelo médico, certamente ele recomendará um oncologista.

A ARMADILHA DO CÂNCER - II

Não faz muito tempo, jornais e revistas referiam-se ao câncer como "moléstia insidiosa". De fato, essa doença expande seus tentáculos com rapidez para vários órgãos, mesmo distantes do foco inicial.

Já se conhecem vários tipos de câncer causados por fatores originários no trabalho – um dos exemplos é a exposição permanente ao asbesto ou amianto. Estudos confirmaram que a incidência de carcinoma do estômago é 30% maior nos trabalhadores expostos ao amianto, elemento esse já proibido no Brasil. Mais um exemplo é o de câncer de pele, que atinge cerca de 90% de trabalhadores expostos ao sol, quando incidem raios ultravioleta. É o caso de operários da construção civil, pescadores e marinheiros, quando não recebem equipamentos de proteção individual.

A Sociedade Americana de Câncer propõe os seguintes exames preventivos para pacientes entre quarenta e cinqüenta anos, tanto homens como mulheres:

PROCEDIMENTO	SEXO	FREQÜÊNCIA
Exame retal digital	M/F	anual
Sangue oculto nas fezes	M/F	anual
Sigmoidoscopia	M/F	anual
Exame pélvico	F	anual
Papanicolau	F	anual
Auto-exame das mamas	F	mensal
Mamografia	F	anual

Para o câncer já diagnosticado deve-se considerar como melhor tratamento inicial a cirurgia radical, quando o estado clínico permitir.

A radioterapia é muito importante para o controle local de diversas formas da doença, bem como para melhorar a dor.

A quimioterapia é mais indicada nos casos de linfomas e mielomas, câncer de mama e de pulmão, sendo necessário equilibrar a sua aplicação com cuidados nutricionais.

A respeito da prevenção do câncer através de alimentos, vários estudos ainda em andamento sugerem que a ingestão diária ideal de grãos integrais (50%), legumes variados – pouco cozidos ou crus (25%), vários alimentos feitos com soja (10%), além de algas, sementes de gergelim e frutas frescas (15%) poderia reduzir a incidência de diversos tipos de câncer do trato gastrointestinal, incluindo o retal.

O desenvolvimento do Projeto Genoma-Câncer certamente determinará a identidade de cada tipo dessa doença nos próximos anos, o que facilitará a sua prevenção, diagnóstico e tratamento.

Cabe à própria pessoa seguir as normas exaustivamente recomendadas pelos médicos na nossa época, como: deixar de fumar, fazer exercícios, andar meia hora por dia, seguir uma dieta equilibrada – evitando carne vermelha com gorduras –, além de aprender a conviver com o estresse.

Caso contrário, o corpo torna-se mais vulnerável ao gatilho que desencadeia o câncer.

A DOR DO CÂNCER

No Brasil, depois das doenças cardíacas, o câncer é a segunda causa de mortalidade. Cerca de 80 a 90% dos pacientes sentem dor, que pode ser definida como uma experiência sensorial e emocional desagradável, agravada ainda por problemas emocionais. A dor é causada por diversos fatores: 67% é devida à manifestação do próprio câncer; outras causas são constipação intestinal, pós-operatório, flebite ou punções repetidas.

Calcula-se que um terço dos casos iniciais de câncer começa pela dor. Muitas vezes, esse sintoma é tratado de forma equivocada, por falta de exames comprobatórios que possam afastar a hipótese de outras patologias. Se o paciente já tiver mais de sessenta e cinco anos, sem queixas anteriores, e apresentar alguma dor repentina não definida, essa queixa deve ser investigada com mais atenção.

Os opiáceos, seguramente, são as mais antigas drogas conhecidas pelo homem. A morfina é o principal alcalóide, produzido pela papoula, planta já classificada desde 1753. Sementes de papoula foram descobertas em sítios arqueológicos da Suíça, datando de quatro mil anos a. C. Hipócrates já considerava o ópio como "verdadeiro remédio para a dor".

A consolidação do uso da morfina para aliviar a dor do câncer data de 1830, e essa conduta persiste até os nossos dias. É importante saber que no idoso com câncer há uma diferença de absorção das doses de morfina, devido à distribuição modificada da massa corpórea. Por isso, essa droga deve ser aplicada inicialmente em doses menores do que em pacientes mais jovens, cabendo ao médico ajustar a dose.

Há muitas outras drogas no arsenal terapêutico que o médico pode utilizar como coadjuvante para a dor. Entretanto, se não houver resposta favorável, a morfina deve permanecer como medicamento eletivo, usado sempre sob a forma endovenosa ou peridural. A via intramuscular deve ser evitada.

Diversos tratamentos para diminuir a progressão do câncer ou evitar metástases – transmissão da doença para outros órgãos – também podem influir na diminuição da dor, como radioterapia e quimioterapia.

Novos medicamentos estão sendo testados a cada dia, mas em geral produzem efeitos colaterais danosos. Assim, é sempre preferível optar só pela morfina, pois o risco de vício é pouco freqüente.

A maioria dos hospitais de bom padrão, bem como hospitais universitários, possuem uma equipe multidisciplinar voltada especificamente ao combate à dor.

Sempre é bom recordar a sabedoria dos gregos, expressa no axioma de Hipócrates, mostrando que aliviar a dor é uma obra divina:

"Sedare dolorem opus divinum est."

Doenças intestinais

SAIA DA PRISÃO DE VENTRE

Constipação intestinal ou a popular "prisão de ventre" é a dificuldade de evacuar. A palavra "constipação" vem do latim *constipare* que significa pressionar, apertar.

O hábito de evacuar o intestino numa determinada hora deve ser adquirido desde a infância, por volta de dois a três anos, idade em que os pais ensinam aos filhos que a eliminação de fezes é um dos muitos acontecimentos normais em suas vidas – não se pode considerá-las sujas ou perigosas.

Uma em cada cinco pessoas está sujeita a desconforto intestinal, e uma em quarenta pode ter câncer de intestino, que pode ser prevenido com alimentos adequados.

Os intestinos constituem a maior parte do sistema digestivo. Dividem-se em duodeno – primeira parte do intestino delgado –, intestino delgado – que absorve todos os nutrientes dos alimentos –, intestino grosso ou cólon – ascendente, transverso, descendente e sigmóide, onde estão armazenadas as fezes –, reto – que transporta as fezes para o ânus e as elimina. Assim se processa a digestão normal: o intestino grosso finaliza a fermentação dos alimentos não digeridos e extrai a água deles, para desidratá-los e transformá-los em fezes.

A água é um dos elementos mais importantes para a digestão. Somente a água contida nos alimentos não é suficiente para transformá-los em bolo fecal. Quando há menos quantidade de água, as fezes ficam endurecidas e secas, produzindo grande volume, ou adquirem a forma de pequenas porções duras e enegrecidas. A quantidade de água mínima a ser ingerida por dia varia de pessoa a pessoa, dependendo da sua massa corporal. Entre um litro e um litro e meio é o desejável, o que corresponde a oito copos por dia.

O melhor horário para a evacuação é a primeira hora da manhã, após o despertar. Se o intestino está um pouco preguiçoso, é bom tomar um copo de água quente pura, antes do café. Depois se pode tomar os medicamentos com mais água ou sucos. É bom obedecer ao primeiro sinal de vontade de ir ao banheiro, assim se estabelece uma rotina matinal antes de sair de casa.

As emoções modificam bastante o trânsito intestinal. Pessoas ansiosas e preocupadas demais têm aceleração da digestão, que ocasiona diarréia. Mudanças bruscas, como viagens de trem, navio ou avião, ao contrário, provocam prisão de ventre, por causa da diferença de fuso horário. Nesse caso, não se deve ficar sentado por muito tempo. É aconselhável andar pelo corredor de hora em hora e comer alguns alimentos com fibras.

As pessoas idosas são mais sujeitas à prisão de ventre, porque o envelhecimento reduz o volume de água do organismo. Por essa razão, é preciso ingerir água suficiente, praticar exercícios físicos e comer alimentos com fibras, além de mais frutas, legumes e verduras. É preciso evitar a ingestão de sementes de certas frutas, como mamão e goiaba, que podem desencadear uma crise de diverticulite em pessoas sujeitas a essa enfermidade.

Não se indica o uso de laxantes de forma contínua, a não ser com supervisão médica. Se houver sangramento anal ao evacuar, uma das causas pode ser a diverticulose, que é má formação nas paredes intestinais – o sangramento ocorre quando há inflamação – diverticulite. Outras causas de sangramento anal podem estar relacionadas com ingestão de medicamentos e outras doenças. O médico irá fazer o diagnóstico e indicar o tratamento.

Saia da prisão de ventre, ingerindo água e alimentos adequados e habituando o intestino a horários definidos.

SÍNDROME DO INTESTINO IRRITÁVEL

Esta síndrome (SII), conhecida anteriormente como síndrome do cólon irritável ou cólon espástico, entre outras denominações, é uma patologia clínica crônica e persistente, que é causada por alterações funcionais, principalmente do intestino grosso. Os sintomas dessa doença são: dor abdominal; constipação intestinal, alternada com períodos de diarréia, e freqüentes gases abdominais.

Na maioria das vezes, os pacientes não lembram com exatidão seus sintomas ou o médico não faz ao paciente as perguntas que forneceriam um diagnóstico mais preciso. Essa doença não deve ser confundida com outras patologias semelhantes, como colite ulcerativa e Doença de Crohn.

A síndrome ainda não tem um nome próprio, porque nenhum médico descobriu a cura total, mas já há diversas formas de tratamento para alívio das perturbações. É mais comum em mulheres, podendo aparecer desde a adolescência ou, com mais intensidade, na chamada meia-idade. A maior freqüência no sexo feminino – duas mulheres para cada homem – tem sido observada, embora as pesquisas ainda não tenham conclusões sobre essa maior incidência.

As causas não são muito claras. Os exames mais sofisticados, como tomografia computadorizada, colonoscopia, ressonância magnética, ou mesmo um simples exame de fezes nada revelam. Vários estudos atribuem essa patologia a fatores psicológicos, fisiológicos e psicossociais, além de dietas mal formuladas, provocando inclusive alergias alimentares. As alterações psicossociais são devidas a comportamentos familiares diante das doenças, perdas de parentes e histórias de abuso sexual. Componentes genéticos vêm sendo estudados na avaliação da doença.

O constante estresse emocional e infecções como a candidíase, provocada por um fungo, também podem ser responsáveis. O uso excessivo de antibióticos, alterando a flora intestinal, é uma das causas mais freqüentes da manifestação da doença.

Bacilos acidófilos, componentes do yogurte, podem melhorar as crises de diarréia. O gengibre e a camomila, com ação antiespasmódica, têm contribuído bastante no alívio dos sintomas.

O importante a ressaltar é o tipo de alimentação, além do estilo de vida. A dieta mais adequada não deve incluir alimentos com muitas fibras, nem produtos dietéticos e alimentos gordurosos, para não provocar diarréia. Bebidas gasosas devem ser evitadas.

A maioria dos portadores dessa síndrome tem alergias alimentares, recomendando-se um teste antialérgico. Essas pessoas não absorvem a lactose presente no leite, a frutose de certas frutas e o sorbitol, tipo de açúcar muito usado em doces, chocolates e produtos dietéticos. Pesquisas recentes mostram que a eliminação dessas substâncias atenua os sintomas em 40% dos casos.

É importante para os portadores da síndrome do intestino irritável seguir por toda a vida uma dieta balanceada, orientada por médico e nutricionista, com uma composição de grãos, frutas, vegetais e legumes, compatíveis com cada caso. Felizmente, têm sido lançados novos medicamentos, que podem diminuir os sintomas da doença.

As pessoas afetadas, sujeitas a estresse diário e repetitivo, necessitam encontrar uma forma de reduzi-lo pelo uso de algum medicamento receitado, além de psicoterapia.

Uma conduta simples e acessível é a caminhada diária de meia hora, pelo já conhecido efeito de redução do estresse, através do exercício.

Doenças dos ossos

OSTEOPOROSE MASCULINA

A palavra osteoporose vem do latim e significa "osso poroso". É uma doença que se desenvolve aos poucos, enfraquecendo os ossos, tornando-os frágeis, podendo chegar até à fratura.

A incidência de osteoporose em mulheres ocorre mais após a menopausa, com a queda inevitável das taxas hormonais. As mulheres de origem asiática são mais suscetíveis à doenca. Em ambos os sexos os ossos mais atingidos são vértebras, quadril, fêmur, como também antebraço e punho.

Nos homens, a doença é mais comum após os 60 anos, apresentando maior gravidade. A fratura do fêmur no homem ocasiona mortalidade mais freqënte do que em mulheres da mesma faixa etária. Esse tipo de fratura provoca impossibilidade de fazer caminhadas diárias, recomendadas para a prevenção de várias doenças. A imobilidade, levando a maior permanência no leito, pode ocasionar pneumonia ou agravamento de doenças cardiológicas, mais comuns em homens fumantes e diabéticos.

Em média, 80% dos homens que apresentam predisposição para osteoporose são os que têm antecedentes familiares de fraturas ósseas, fumantes de mais de um maço de cigarro por dia, por vários anos, e os que já tomaram cortisona ou derivados por longos períodos. Aqueles que ingerem diariamente várias doses de bebidas alcoólicas podem ter perda de libido e disfunção sexual, provocadas pelas baixas taxas de hormônios masculinos. Esses fatores levam à osteoporose.

Os esportes praticados por maratonistas e cultores do físico com halteres, exagerando as horas de treinamento, também podem ocasionar osteoporose, principalmente porque os praticantes não ingerem as calorias suficientes para repor as necessidades diárias. Os esportes mais recomendados são os praticados em equipe ou com raquete – tênis –, nos quais o peso do corpo é sustentado pelos pés e pernas – têm mais eficácia na manutenção da densidade óssea, em comparação com ciclismo e natação.

Quanto à alimentação, é importante ingerir de dois a três copos de leite por dia, de preferência desnatado – com recomendação médica – e comer três a quatro fatias de queijo branco, iogurte e coalhada. Não se pode esquecer de legumes, verduras, frutas e água (pelo menos um litro por dia).

Na praia ou em caminhadas sob sol intenso é importante obedecer o horário das 7 às 10 horas da manhã ou após as 16h, para ativar a vitamina D presente na pele e responsável pelo controle da absorção do cálcio no organismo.

No tratamento indicado podem ser incluídos a soja e seus derivados. Recomenda-se a isoflavona presente na soja na dose de 30 a 60 mg por dia, ou mais, com supervisão médica. A soja, além dos benefícios já comprovados na prevenção da perda óssea, ativa e aumenta a resistência do sistema imunológico, trazendo maior proteção às doenças cardiovasculares, mais comuns em homens.

Estudos brasileiros já publicados mostram que a osteoporose em homens com mais de sessenta anos está ocorrendo com mais freqüência do que seria esperado.

Por esse motivo, para controle da perda de massa óssea no homem, a partir de cinqüenta anos, é conveniente o exame anual de densitometria óssea.

CUIDADOS COM A ARTROSE

Há uma diferença entre artrite e artrose, embora a maioria das pessoas pense que se trata da mesma doença. Artrite é uma lesão inflamatória nas articulações. Por exemplo: reumatismo é outra expressão para designar uma artrite, em que há dor, calor e rubor. Pode atacar, além das articulações, vários órgãos, como tendões, músculos e suas bainhas sinoviais. Quanto à artrose, é uma afecção não inflamatória, mas degenerativa.

Não se conhece com exatidão a incidência da artrose no Brasil. Entretanto, vem aumentando dia a dia, porque a população acima de sessenta anos está sobrevivendo mais. As pessoas também estão engordando, e a obesidade tem relação estreita com o aparecimento da artrose.

No último congresso europeu sobre artrose (2003) deu-se ênfase a diversas variáveis dessa patologia. As mulheres representam 65% das pessoas atingidas, sendo que 64% têm mais de 50 anos. Entre os pacientes pesquisados, 50% ou mais relataram que já tiveram dores articulares. Há maior incidência nas classes A e B.

A descoberta e tratamento precoce da artrose nos idosos é de fundamental importância para evitar complicações futuras. Não se deve recomendar imobilização no leito por muito tempo, pois dessa situação surgirão outras patologias, como prisão de ventre, trombose venosa, rigidez de articulações, embolia pulmonar, culminando em pneumonia, que poderá ser fatal.

Aconselhamos quem sofre de artrose a aprender a conviver com ela, seguindo algumas recomendações básicas:

1 - Obedecer sempre a prescrição do especialista ou geriatra, seja tomando medicamentos, fazendo fisioterapia e dieta para emagrecer.

2 - Em casa, utilizar um bastão de apoio nas atividades diárias.

3 - Havendo artrose avançada, evitar subir escadas – utilizar rampas ou elevadores.

4 - Fazer adaptações dos puxadores de armários e gavetas e colocar barras de apoio no banheiro e próximo ao vaso sanitário.

5 - Exceto por recomendação médica, não colocar travesseiros debaixo dos joelhos ou quadris.

6 - Na postura de oração, evitar ajoelhar-se. Se ficar muito tempo em pé, procurar elevar mais uma perna do que a outra.

7 - Usar sapatos confortáveis, sem cadarços, e evitar couro duro. Chinelos ou sandálias devem ter um pequeno salto.

8 - Fazer exercícios diários, principalmente hidroginástica, com orientação médica.

9 - No caso de esportes, podem ser praticados, desde que não provoquem impactos ou exagero dos movimentos articulares. Não fazer esportes, se tiver dor.

10 - Repousar é importante – a cada quatro horas de trabalho ou movimentos articulares com mais esforço, repousar por quinze minutos.

11 - Procurar atividades em grupo com pessoas portadoras da mesma doença.

Se esses cuidados forem constantemente seguidos, a qualidade de vida será melhor. A artrose deve ser encarada como uma segunda pele, a ser cuidada para sempre.

Doenças dos ouvidos – Causas de desequilíbrio

VERTIGEM

Vertigem é uma forma desagradável de tontura, com distúrbios devidos a alterações no labirinto, estrutura interna do ouvido, responsável pelo equilíbrio. Geralmente, provoca a sensação de que tudo está rodando à volta, quando, por exemplo, se acorda pela manhã com a visão de que o quarto está rodando, sentindo enjôo ao tentar levantar. Voltando a deitar, tudo melhora, mas ao levantar novamente, volta a tontura.

Muitas vezes, é causada por uma labirintite virótica, que melhora após uma semana, com tratamento adequado. Se não passar, é aconselhavel consultar um otoneurologista – otorrino com especialização em Neurologia.

Pode ser um distúrbio interno ou até um tumor pressionando um nervo – neuroma. A vertigem também ocorre em pacientes com arritmias cardíacas e em portadores da doença de Menière. Essa doença é uma síndrome com causa ainda desconhecida, cujos sintomas são: vertigem, perda parcial da audição e zumbido no ouvido. Com o tempo, pode atingir os dois ouvidos.

Nem sempre essas queixas caracterizam apenas a doença de Menière. A tireóide pode apresentar baixo funcionamento – hipotireoidismo. A sífilis e algumas formas de alergia alimentar podem levar às mesmas queixas. O especialista irá recomendar a medicação mais adequada, que atualmente é o dicloridrato de betaistina, o mais moderno e eficaz medicamento, apresentado no Brasil em recente simpósio sobre vertigem.

Além do tratamento medicamentoso, são recomendados diversos exercícios, duas vezes ao dia, por dez minutos. O paciente aprende a deitar com cuidado, sentar-se à beira da cama, levantar-se, ficar em pé e andar no quarto. É importante parar de fumar, não tomar café, nem ingerir bebidas alcoólicas, durante o tratamento.

Outra abordagem nem sempre mencionada é a relação da vertigem com a ansiedade que, muitas vezes, pode prenunciar depressão ou alterações de personalidade. É a chamada vertigem psicogênica, muitas vezes não reconhecida de imediato, comum em idosos. Geralmente, está associada a crises de pânico, medo de sair à rua ou de ficar no meio da multidão.

O tratamento da vertigem, pela sua complexidade, é conduzido de acordo com cada caso.

ZUMBIDOS

Labirinto sempre dá idéia de um ambiente tortuoso, complicado, onde é difícil encontrar a saída. Nosso labirinto ósseo, situado na parte interna de cada um dos ouvidos, tem vários canais semi-circulares, um vestíbulo e a cóclea ou caracol.

Os distúrbios nesses ossículos podem provocar tonturas, zumbidos intermitentes e até surdez. Com o avanço da idade, assim como ocorre em outros órgãos, o comprometimento da audição é chamado presbiacusia.

Muitas vezes, essa patologia tem origem familiar e é agravada pelo tabagismo, alterações do colesterol e triglicérides, bem como pela exposição excessiva a ruídos e ao estresse de cada dia.

Os zumbidos podem chegar a uma situação tão extrema, que prejudiquem uma conversação entre pessoas ou mesmo ao telefone, concorrendo para um isolamento cada vez maior do paciente, o que ocasiona estresse e depressão profunda.

Essas alterações são provenientes de modificações vasculares, podendo ser ocasionadas por ateromas ou doenças como hipertensão arterial severa e diabetes. O médico consultado solicitará uma série de exames para melhor esclarecer o diagnóstico.

Muitos casos são tratados com medicamentos vasodilatadores e vitamina A.

Existem até aparelhos auditivos que imitam o som da água, mas são desconfortáveis e caros.

Atualmente, está sendo muito valorizado o uso do Ginkgo Biloba em altas doses. Esse produto já é receitado para reforçar a capacidade de memorização e não apresenta efeitos colaterais consideráveis, a não ser quando administrado junto com doses elevadas do ácido acetil-salicílico.

A melhor orientação para o tratamento dos zumbidos consiste na verificação, por parte do médico, das possíveis causas que estejam provocando essa situação, para depois orientar cada caso.

Nem todo zumbido tem um tratamento único, mas se observa que passeios diários de meia hora facilitam a diminuição do estresse. Além da medicação, exercícios apropriados, indicados pelo médico, com movimentos sincronizados da cabeça, complementam o tratamento.

O labirinto auditivo permite uma analogia com o Minotauro da mitologia greco-romana – monstro que habitava o labirinto. O Minotauro representa o zumbido; o médico seria o herói Teseu, que matou o Minotauro. Felizmente, Teseu conseguiu sair do labirinto, através do fio de Ariadne, que ainda tem sido, em nossos dias, insuficiente para aniquilar o Minotauro – o torturante zumbido.

Doenças da pele

EM PLENO SOL

Estatísticas divulgadas recentemente pelo IBGE mostram que a expectativa de vida do brasileiro aumentou desde 1991. Os homens brasileiros sobrevivem até sessenta e oito anos e oito meses e as mulheres podem viver até setenta e sete anos e seis meses, enquanto no Japão a expectativa é de oitenta e um anos e cinco meses.

Como se vê, no Brasil, a cada ano que passa, as mulheres vivem mais. Uma das causas apontadas é o fato de os homens serem com mais freqüência vítimas de homicídios e acidentes, mas a explicação mais razoável é que as mulheres procuram periodicamente os consultórios médicos, para se prevenir de doenças como câncer de pele.

O câncer mais letal entre os homens no Brasil é o melanoma, lesão maligna de pele, que já ultrapassou, em mortalidade, o câncer de próstata.

Anualmente, a Sociedade Brasileira de Dermatologia promove uma campanha em São Paulo para a prevenção do câncer de pele e, como sempre, o comparecimento de mulheres é maior que o de homens.

Quais os melhores protetores contra as queimaduras e lesões provocadas pelo sol? Esta é a pergunta mais ouvida nos consultórios. As pessoas iludem-se, pensando que só por aplicar o mais moderno filtro solar ficam livres das queimaduras e lesões. O mais importante, na praia ou em qualquer local com exposição direta ao sol, é usar chapéu ou boné, óculos escuros adequados e permanecer embaixo do guarda-sol, mantendo o filtro solar. Os óculos escuros são imprescindíveis para a prevenção da degeneração macular, que pode levar à cegueira.

Os únicos horários permitidos para o banho de sol são das sete às dez da manhã, quando os raios infravermelhos estão presentes, e no fim da tarde. Em outras horas, somente sombra e água fresca! Após o meio-dia vêm os raios ultravioleta, prejudiciais à pele, para os quais não adianta o filtro solar. A hidratação é muito importante, pelo menos dois litros por dia (água, sucos, frutas, sorvetes e outros líquidos).

Muitas mulheres, devido à divulgação feita por atrizes famosas de cinema e TV, procuram bronzeamento artificial, através de lâmpadas frias, que podem ocasionar envelhecimento precoce da pele, pois emanam raios ultravioleta. Infelizmente, só bem mais tarde as mulheres irão se arrepender dessas aplicações.

É aconselhável que a própria pessoa verifique no espelho se alguma pinta, mancha ou lesão nas costas está mudando de cor ou tamanho. Pelo menos uma vez por mês, é necessário examinar a pele das costas, utilizando dois espelhos, um em cada porta do guarda-roupa. Notando alguma alteração, é importante procurar o dermatologista, principalmente se surgir alguma pinta escura, com bordas irregulares, em pessoas com mais de cinqüenta anos. A orelha também é um órgão que deve ser observado, principalmente na região posterior. Em anos passados, como as décadas de 40 e 50, a proteção aos raios solares se fazia usando chapéus de abas largas, que abrigavam as orelhas e o rosto, em geral. Hoje em dia, os bonés não são suficientes para essa proteção.

Com esses cuidados, pode-se passar um verão agradável na praia ou montanha, sem comprometer a saúde da pele.

VACINA PARA HERPES ZOSTER

O herpes zoster, denominado cobreiro na linguagem popular, localiza-se na pele do corpo em forma de faixa (zoster, em grego). É conseqüência da reativação do vírus da varicela modificado num ser humano que se encontra parcialmente imune. O popular cobreiro tem essa denominação pelo fato de o povo acreditar que é causado pelo contato de um réptil (herpes em grego) na roupa. O cobreiro, que é tratado por benzedeiras, não é o mesmo herpes zoster.

O vírus do herpes zoster tem o nome científico de herpes-vírus humano 3 ou HVH3. Pessoas que contraíram Aids são mais propensas à doença, bem como aquelas com a doença de Hodgkin.

O herpes caracteriza-se por lesão com vesículas na pele, seguindo um trajeto unilateral. Provoca muita dor e vermelhidão no local atingido. Após três a cinco dias, aparecem bolhas vesiculosas, que podem ser, inicialmente, confundidas com outras doenças de pele. Por isso, torna-se necessário um exame médico minucioso para confirmar o diagnóstico. A localização mais freqüente é no tórax, podendo atingir as mamas e as costas no trajeto dos gânglios e até espalhar-se pelas nádegas. Uma das lesões mais graves localiza-se na região frontal – testa –, passando para o couro cabeludo, com risco de comprometimento ocular, uveíte, queda de pálpebras e até paralisia dos músculos do olho.

Nas pessoas com mais de 60 anos, é comum ocorrer lesão nos nervos cranianos, espalhando-se para orelha e parte da língua, com perda do paladar. São freqüentes vertigens e zumbidos. As piores complicações são neurológicas, com neuralgia pós-herpética, permanecendo por meses e até anos nas pessoas de mais idade, repercutindo nos músculos em geral, trazendo desconforto e até depressão por não ocorrer a melhora.

Há poucos anos, foi introduzido o antivirótico Aciclovir, usado tanto por via oral, como em creme para a pele. Ainda é a substância mais tolerada pelo organismo e que traz melhores resultados. Para o tratamento das dores pós-herpéticas podem ser ministrados diversos medicamentos já conhecidos, como também pequenas doses de corticosteróides, cujos efeitos colaterais são desfavorávies e desaconselhados.

Esse vírus permanece latente no organismo infectado e não há cura total, podendo ressurgir periodicamente. O Aciclovir é seguro e eficaz por no mínimo três anos, de acordo com os últimos estudos publicados. Quando há reincidência em menos tempo recomenda-se o uso do Aciclovir endovenoso, controlado com rigor pelo médico, pois essa via do medicamento pode lesionar o rim.

Um estudo recente publicado no *New England Journal of Medicine* (Estados Unidos) mostrou os efeitos de uma vacina experimental em pessoas com mais de 60 anos, reduzindo em 50% a incidência do herpes. Os sintomas e complicações apareceram com menos intensidade nos pacientes que receberam a vacina, em comparação com os que receberam um placebo. Esse estudo foi realizado durante cinco anos, com uma amostra de 40.000 voluntários americanos, ex-combatentes de guerra. Os resultados são muito promissores e a pesquisa ainda prossegue. Será um passo importante no desaparecimento desse vírus, assim como já se conseguiu debelar o vírus da varicela.

Próstata

SEM MEDO DA PRÓSTATA

A palavra "próstata" vem do grego *prostates*, que significa "o que está adiante", no caso dos testículos. Trata-se de uma glândula do tamanho de uma noz, que produz um líquido desde a adolescência do homem, juntando-se ao esperma e auxiliando a conduzir os espermatozóides até sua ejaculação no final do orgasmo. Dentro dela, a testosterona, hormônio principal masculino, transforma-se em diidrotestosterona, responsável pelo controle do crescimento da próstata.

Aos 20 anos, a glândula pesa 20 gramas. Com o passar dos anos, pode atingir 30 gramas, ainda dentro da normalidade. Sabe-se de casos de homens de mais de 80 anos que nunca apresentaram aumento da glândula, nem outras alterações. São privilegiados pela natureza, pelas características dos seus gens, o que vem demonstrar que nem todos os homens sofrem de doenças da próstata.

O exame de ultrassonografia informa se há um aumento, ou hiperplasia, que pode ser benigna – HPB – ou maligna. Para constatar essa distinção, o urologista faz o toque retal, método mais fácil de determinar a alteração da próstata. O médico verifica se a próstata está lisa ou rugosa, aumentada ou não. Notando alterações, serão solicitados outros exames, como, por exemplo, o antígeno prostático específico, exame de sangue conhecido como PSA. Um estudo publicado em 2004 por universidades americanas, realizando biópsia da próstata em 3.000 voluntários, comprovou câncer em 15% deles, mesmo com toque e níveis de PSA considerados normais.

Como apontam esses resultados, qualquer homem acima de quarenta e cinco anos deve fazer um exame urológico uma vez por ano. Se houver casos de câncer na família, esse exame já deverá ser feito a partir dos quarenta anos. Os principais sintomas de alteração prostática estão mais relacionados com a eliminação da urina:

- urina com jato cada vez mais fraco;
- dificuldade ou demora para começar a urinar;
- necessidade de urinar com mais freqüência;
- acordar à noite para urinar várias vezes;
- presença de sangue na urina.

Muitas dessas queixas às vezes estão relacionadas com infecção na urina. A mais evidente é a urgência em urinar. É muito conhecida entre os médicos a chamada "síndrome do elevador" – o paciente não consegue segurar a premência de urinar e gostaria de que o elevador fosse mais rápido para chegar ao seu andar, o que nem sempre ocorre e a roupa fica molhada.

Se for diagnosticada a hiperplasia maligna, provavelmente já é um câncer. Comprovada a doença, é recomendável discutir com o geriatra as várias alternativas propostas, pois muitos pacientes já apresentam outras doenças, que devem ser bem avaliadas pelo urologista, cirurgião e geriatra, para melhor orientação e preparo do ato cirúrgico.

Os tratamentos disponíveis são: radioterapia, hormonioterapia, irradiação e criocirurgia. A hormonioterapia é indicada quando já há metástase em outros órgãos.

O importante é saber que, se já houve casos de câncer de qualquer órgão na família, a predisposição hereditária existe. Se o pai teve câncer de próstata, o filho terá maior probabilidade de desenvolver a doença. De acordo com pesquisas americanas, os negros têm o dobro da incidência de câncer, em relação aos brancos. Deve-se ressaltar que a hiperplasia benigna da próstata – HPB – nem sempre irá evoluir para um câncer.

Estudos comprovados, tanto nos Estados Unidos como na China e Japão, confirmaram que chineses e japoneses, cuja alimentação inclui mais fibras vegetais, frutas e pouca gordura, apresentam menor incidência de câncer da próstata. Chineses e japoneses que emigraram para os Estados Unidos, adicionando gorduras à dieta, mostraram o mesmo índice da doença que os americanos. A verdadeira causa do câncer de próstata ainda não é conhecida, mas há uma estreita relação entre fatores hereditários, alimentação e meio ambiente.

"Em geral, os médicos querem conservar a nossa saúde e os cozinheiros querem estragá-la; os segundos estão mais certos do seu êxito" – observou Diderot, enciclopedista francês, que viveu de 1713 a 1814.

No café da manhã, devem ser incluídos farelo de trigo e aveia; nas demais refeições é recomendável incluir o óleo de oliva extra-virgem. Muitos vegetais são indicados como parte do cardápio diário: aspargos, cenoura, alface, brócolis, tomate, lentilha, couve, couve-flor, repolho, cebola, alho, ervilha e, para quem puder comer, pimenta verde. Todas as frutas brasileiras são excelentes, pricipalmente a banana prata. Devem ser evitadas carnes com gorduras, consumindo mais a parte branca do frango e peixes de águas profundas. A vitamina E na dosagem de 400 a 600 UI (unidades internacionais) é um complemento significativo.

A impotência sexual ou, como se diz hoje em linguagem médica, disfunção erétil, é o grande medo que ronda os homens já a partir dos 45 anos. Os níveis de testosterona exercem influência na libido, haja ou não alterações da próstata. Essas alterações por si sós não ocasionam impotência, geralmente mais ligada a fatores ambientais, fumo, diabetes, hipertensão arterial, obesidade, colesterol elevado, alcoolismo e insuficiência renal.

O paciente sempre receia que a cirurgia possa provocar impotência. Entretanto, somente uma pequena porcentagem dos operados da próstata (15%) fica impotente, além dos 40% que fazem radioterapia. Ocorre que a ejaculação torna-se retrógrada, isto é, o sêmen volta para dentro da bexiga e, posteriormente, é eliminado na urina. Mas o prazer sexual permanece com o orgasmo.

As expressões de conformismo que se ouviam até poucos anos, como "estou muito velho", "não estou mais interessado" ou "ainda tenho outras coisas para me ocupar" não mais se justificam hoje. Como escreveu Sófocles, na antiga Grécia, "ninguém ama tanto a vida como quem está envelhecendo."

Doenças psiquiátricas e neurológicas

ESTRESSE E ENVELHECIMENTO

Cada vez que um novo Presidente da República toma posse e o Congresso se renova, os aposentados esperam receber a atenção merecida para seus problemas, defasados tanto em programas de saúde, como em pagamento de aposentadoria.

No último Forum Social Mundial, realizado em Gênova, na Itália, foi divulgado que um bilhão e trezentas mil pessoas vivem com menos de um dólar por dia. Um grande contingente de seres humanos com mais de sessenta anos, aposentados ou não, inclusive vivendo no Brasil, fazem parte dessa estatística. Mas que qualidade de vida podem ter essas pessoas?

Mesmo os medicamentos genéricos propostos pelo governo brasileiro com preços reduzidos e melhor qualidade já não são mais uma certeza. As drogas genéricas são, em alguns casos, mais caras que os produtos dos laboratórios tradicionais!

O termo estresse não é novo. Já era utilizado no século XVII, mas somente a partir de 1926 o médico e pesquisador austro-canadense Hans Selye formulou a base da síndrome do estresse. Em sua obra clássica "Estresse – a tensão da vida" – Hans Selye mostra claramente que – ninguém pode viver sem sentir, em determinados momentos, certo grau de estresse, que não é, necessariamente, prejudicial à vida.

Surgem alterações gerais no organismo, como frio nas mãos e pés, sem razão aparente, distúrbios na concentração e memória, e mudanças bruscas no comportamento habitual.

A persistência do estresse é, de fato, preocupante, e resulta num estado mais sério de esgotamento, comprometendo tanto a vida física como a mental, o que hoje se chama "distresse", ou a incapacidade de conviver com o estresse.

De que maneira as tensões diárias vão afetando o organismo? No coração, as artérias se contraem mais, prejudicando a circulação do sangue; os batimentos cardíacos tornam-se mais rápidos, podendo gerar hipertensão arterial; na cabeça a contração constante dos músculos provoca dores, passando pela nuca e chegando a toda a cabeça, com dores que se irradiam aos ombros e pescoço; no estômago, há maior produção do suco gástrico, causa de gastrite e úlcera, pior ainda no caso do fumante; no ouvido, há endurecimento da musculatura, chegando a provocar zumbidos de difícil tratamento, que se tornam crônicos; na pele, podem aparecer alergias com manchas vermelhas inexplicáveis, surgir ou piorar psoríase pré-existente, como também herpes, mais comum no tórax; a perda de potássio e de outros sais minerais, devido ao suor exagerado, por maior liberação de adrenalina, provoca câimbra nos braços e pernas; e, por fim, o cérebro, tendo a circulação sanguínea afetada, leva a alterações de comportamento, como indecisão em questão importante, esquecimentos momentâneos, irritabilidade, insônia, e mesmo pânico e fobias, como o medo de ficar impotente.

Como determinar o limite de tolerância às tensões diárias? Cada pessoa apresenta um limite próprio. Enquanto não aparecerem várias dessas queixas, a pessoa ainda não está no seu limite, mas é bom não esticar a corda ao máximo. Aos primeiros sintomas, é preciso ficar atento.

É aconselhável tentar descobrir as fontes da tensão, tanto externas como internas. As externas independem do próprio organismo, como inadaptação ao dia-a-dia, falta de dinheiro para cumprir os compromissos, altas taxas de juros a pagar, assaltos e seqüestros, perda de um ente querido, separação conjugal e divórcio. As fontes de tensão internas são mais difíceis de identificar e, entre elas, está a maneira de encarar o mundo e relacionar-se com as pessoas.

Estes são alguns fatores desencadeantes do estresse entre indivíduos de terceira idade no Brasil. É muito bonito escrever e falar que se deve "saber envelhecer", mas quando faltam condições para valorizar o idoso e também fazê-lo participar mais ativamente da sociedade, fica difícil aceitar esse discurso.

Estudos revelam uma estreita relação entre estresse e envelhecimento. Muitas pesquisas continuam em andamento e é provável a comprovação de que inúmeras causas de estresse são fundamentais nos processos do envelhecimento.

Já foram mencionados problemas entre marido, esposa, filhos e netos. Outras causas de estresse são: a falta de convívio social, viuvez, perda dos amigos de infância e de trabalho, enfim, as referências de outrora. É preciso aceitar o passado, por pior que tenha sido. Agora é o tempo presente – o passado está morto.

Limitações de atividades e dependência a outras pessoas, devido a enfermidades, podem agravar o estresse. A melhor maneira é tratar preventivamente, não esperando que as doenças se instalem.

Falta de dinheiro e moradia também influem nessa insegurança. É importante economizar e ter um plano de previdência para a aposentadoria futura. Não se pode contar somente com os filhos para uma velhice tranqüila.

A alimentação constitui um dado importante para manter o organismo apto a enfrentar tensões e desafios. Frutas, verduras, legumes, alimentos integrais colaboram para a manutenção da saúde. O lazer, as atividades prazerosas, a prática de "hobbies" e exercícios físicos são imprescindíveis, principalmente para quem leva uma vida sedentária. Além da academia e da esteira em casa, é bom andar meia hora diariamente.

Olhe-se no espelho. Siga cuidados de higiene, corte o cabelo, cuide da pele. Não use sempre a mesma roupa. Dedique um cuidado especial a si mesmo, não só para agradar aos outros. Atualize-se com o mundo. Leia jornais, livros, assista a programas culturais. Saiba o que está acontecendo ao redor. Faça parte do seu ambiente. Não se isole. Nunca se aceite como um aposentado para a vida. A sua atividade deve continuar, mesmo que tenha alguma limitação de saúde. Você continua vivo.

É preciso lembrar que a poltrona confortável já matou mais gente que a cadeira elétr ca!

Como disse Montaigne, filósofo francês (1533-1592), "o importante é procurar fazer de tudo para que a velhice não nos surpreenda com mais rugas na alma do que no corpo."

DEPRESSÃO - UMA NUVEM SOMBRIA

Há uma falsa idéia de que a depressão é característica de pessoas idosas – em nossos dias, a juventude também vem apresentando quadros depressivos. Por estudos realizados recentemente em diversos países, já se sabe que, ao envelhecer, as pessoas podem gozar de saúde física e mental, se observar cuidados preventivos com a saúde.

Os episódios iniciais de depressão nos idosos não são bem caracterizados. Na maior parte dos casos, o paciente não exterioriza seus males, por preconceito ou vergonha.

As queixas generalizadas englobam fraqueza geral, mudança de comportamento, perda do apetite, alternância de alegria e tristeza, diminuição da libido, falhas de memória e desinteresse progressivo pelas coisas antes apreciadas. Estes são os sintomas pré-depressivos.

Ainda não há um consenso sobre a influência do processo de envelhecimento na gênese da depressão. Estudos recentes mostram que aspectos biológicos, socioeconômicos e psicológicos desempenham papel relevante no surgimento da depressão no idoso. Impossibilitado, por várias razões, de acompanhar o processo tecnológico acelerado do mundo contemporâneo, o idoso torna-se marginalizado, reforçando sua imagem negativa aos olhos da sociedade.

Doenças consideradas ainda incuráveis, como diabetes e câncer, também contribuem para a depressão na velhice. É uma fase de muitas perdas, como a morte de entes queridos e de status social, por problemas financeiros. Essas situações podem levar à perda da auto-estima, gerando idéias de culpa e inutilidade – "Sinto-me um traste".

A falta de perspectiva para o futuro pessoal e da humanidade tem, por vezes, uma razão de ser, diante das guerras e violência urbana. Esse pessimismo do idoso pode até levá-lo a pensar em suicídio. Estudos recentes mostram que se verifica o suicídio em idosos, tanto naqueles com transtornos psíquicos (91%), como nos que têm doenças físicas (88%).

Outras patologias, como a doença de Parkinson, em que se constata comprometimento cerebral em 40% dos casos, levam também à depressão e a alterações psíquicas. A doença de Alzheimer costuma estar associada a um quadro demencial depressivo. Alguns pacientes com depressão pós-infarto ou por causa de outras doenças coronarianas podem chegar a um acidente vascular cerebral.

O início da depressão pode ser detectado pelas pessoas próximas, observando perda de memória e alterações de comportamento. Cabe aos familiares induzir o paciente a procurar um médico, para afastar o quanto antes essa nuvem sombria.

Os medicamentos contra a depressão prescritos pelo médico devem levar em conta as demais patologias do paciente, para que não ocorram efeitos colaterais adversos, por motivo do uso obrigatório de outros remédios. Para criar uma rede de proteção, além dos medicamentos de última geração, são indicadas terapias de apoio, hidroterapia, longas caminhadas, dança, yoga e participação em atividades lúdicas.

Para os poetas, a velhice é a fase cinzenta da vida, e traz, por vezes, a solidão. Mas, para Vinicius de Moraes "a pior solidão é a do ser que não ama, que se ausenta, se defende, se fecha e se recusa a participar da vida humana."

ALZHEIMER - NOVAS PESQUISAS

A Doença de Alzheimer (DA) é assim denominada em homenagem ao patologista alemão Alois Alzheimer, que viveu de 1865 a 1915, e foi o primeiro médico a identificar lesões que ocorreram no cérebro de uma mulher de cinqüenta e um anos.

Realizando a necrópsia da paciente, de nome Auguste D, foram constatados os elementos que identificam essa nova enfermidade, denominada, a partir dessa época, Doença de Alzheimer: presença de placas de beta-amilóide (placas senis) e enovelamento dos microtúbulos, distribuídos no córtex cerebral.

A publicação da nova descoberta numa revista científica, em 1907, foi difundida em todo o mundo e, assim, essa doença, que atinge 5% da população com mais de sessenta e cinco anos, passou a despertar o interesse para novos estudos. Até hoje se constata a maior incidência em mulheres com menor nível de escolaridade, mas ainda não se conhece a causa da doença, que permanece sem cura. Outros fatores que podem desencadear a doença, mais freqüente em mulheres, são antecedentes familiares, traumatismo craniano, com perda de consciência, baixo nível de escolaridade, depressão e, em alguns casos, pós-infarto do miocárdio. Pelo menos, os efeitos danosos ao cérebro podem ser atenuados em 10 a 15%, quando os pacientes são tratados desde o início.

Os sintomas apresentados pela paciente Auguste D. constituíram um padrão para os demais casos: perda lenta e progressiva da memória, associada ao esquecimento de compromissos do dia-a-dia, desinteresse pela vida, chegando, numa fase avançada, ao não reconhecimento de familiares e até da própria imagem ao espelho – "Quem é esta pessoa?"

O diagnóstico da DA não é muito fácil, mas alguns exames podem levar à exclusão de outras doenças. Solicitam-se diversos exames laboratoriais de rotina, além de tomografia e ressonância magnética do crânio. Se esses exames revelarem alterações, é importante excluir diagnóstico de estados demenciais. O médico aplica uma escala de dez a doze perguntas, chamada mini-exame mental. A contagem de pontos dessa escala estabelece o grau de alteração das funções cognitivas.

Apesar de ser mais comum em pessoas com mais de sessenta anos, a DA não é uma patologia ligada ao envelhecimento, mas sim, uma doença cerebral. Em alguma fase, diversos neurônios são afetados na região do hipocampo, área do cérebro ligada à memória. As hipóteses mais aceitas atualmente concentram-se na questão de falhas dos agentes neurotransmissores, como a acetil-colina. Há resultados promissores em experiências feitas em ratos. A aplicação de nitrofenol, composto orgânico, foi positiva na redução das placas de beta-amilóide em ratos, substância essa responsável pela DA. Outras pesquisas recentes em ratos, publicadas na revista *Science*, mostraram a melhora nesses animais, quando foram desativados os genes causadores da degeneração cerebral. Os estudos prosseguem.

Portadores da DA não apresentam endurecimento de artérias ou vasos sanguíneos, mas alguns pacientes têm pequenos infartos múltiplos cerebrais. Não está comprovada nenhuma relação da DA com poluição ambiental, exposição ao alumínio ou outro metal, alcoolismo ou subnutrição. O abuso de álcool ou falta de nutrientes podem ocasionar outras doenças no cérebro, mas não a DA.

A teoria da existência de um vírus que se desenvolveria lentamente ainda não está descartada. Em certas famílias, há uma degeneração progressiva dos neurônios, o que faz supor uma causa genética. O Projeto Genoma, quando estiver concluído, em mais alguns anos, certamente esclarecerá essa dúvida.

Alguns sintomas precoces consistem em perda de memória para fatos recentes, esquecimento de compromissos urgentes, dificuldade para localizar a chave da própria casa. Numa fase mais adiantada, pode ocorrer apatia ou desinibição total – o doente chega a cumprimentar e beijar pessoas que nunca foram vistas. Idéias delirantes também fazem parte desse quadro dramático.

Notando os primeiros sintomas, algum membro da família deve acompanhar o paciente ao médico o mais breve possível, relatando as queixas que, por vezes, o próprio doente não é capaz de revelar corretamente.

Há grandes centros hospitalares com cursos especializados para que membros da família aprendam a cuidar do paciente na própria casa. Entretanto, o cuidador, com o passar do tempo, pode entrar em depressão, pelo desgaste dessa atividade tão estressante. Nesses casos, aconselha-se a família a procurar apoio na Associação Brasileira de Alzheimer (ABRAz).

A decisão de internar um paciente com DA deve ser bem avaliada por todos os membros da família, com a orientação do médico.

ESCLEROSE MÚLTIPLA

A doença conhecida como esclerose múltipla (EM) ataca o sistema nervoso central – cérebro e medula espinhal. O nome foi dado devido à formação de placas endurecidas de cicatrização, ou seja, esclerose de tecidos, distribuídos em todo o sistema nervoso central.

Ocorre o desaparecimento da mielina, tecido protetor, com conseqüente reação inflamatória, impedindo o envio de informações do cérebro para as várias partes do corpo. Essa reação é chamada desmielinização, provocando perda progressiva de sensibilidade e força nos braços e pernas.

Ainda não se conhece a causa – provavelmente, deve ter um componente genético. Em março de 2005, pesquisas fundamentadas em 40% do já conhecido mapeamento genético foram publicadas, comprovando a identificação de oitenta genes envolvidos na esclerose múltipla. Quando o mapeamento genético ficar completo, certamente ocorrerá a descoberta de novos medicamentos para o tratamento da doença, provavelmente em 2006.

Sabe-se que a EM não é hereditária nem contagiosa. Diversos fatores ambientais estão sendo estudados, bem como alguns tipos de vírus; mas, até 2005, nada foi comprovado.

Essa patologia não surge de repente; a pessoa apresenta episódios que podem não se repetir por vários anos. A pior forma é a que surge após os quarenta anos, com quadros de dor e fadiga, que aumentam rapidamente.

O primeiro caso foi diagnosticado e documentado numa freira em 1280, pelo médico alemão Medaer. No Brasil, o primeiro caso foi constatado em 1926 pelo médico Antônio Austregésilo.

A fadiga, considerada como cansaço diário sem razão aparente, é o primeiro sintoma. Nem sempre essa fadiga se manifesta da mesma maneira em todos os pacientes e, portanto, somente cansaço não é uma característica da EM. Quando a fadiga interfere na qualidade de vida diária é que podemos considerar um dos sintomas característicos. Há piora nos dias de calor, exatamente pela perda da mielina, ou quando a pessoa faz algum esforço habitual que antes não provocava cansaço. O que se aconselha nesses casos é resfriar o corpo com banhos frios – exposição ao sol e banhos quentes devem ser evitados. O uso de bebidas frias e ventiladores ou ar condicionado é recomendado, desde que a pessoa não seja alérgica. Também podem ser colocadas bolsas de gelo nas costas.

O neurologista é o especialista recomendado para o tratamento dessa doença. Após um histórico minucioso das patologias anteriores e familiares, bem como um exame clínico completo, ele pedirá exames laboratoriais, como o do líquor (líquido céfalo-raquidiano) para verificar alteração das proteínas. O principal exame a ser pedido ainda é a ressonância magnética de todo o sistema nervoso central, mas esse exame não informa se a doença está em fase inicial ou avançada.

O tratamento da EM pode ser realizado em três etapas. Os surtos são os primeiros a ser tratados, através de medicamentos esteróides injetados na veia. A segunda etapa, que é o tratamento permanente, se faz através do Interferon Beta, apesar dos efeitos colaterais, que são leves como um resfriado comum. A terceira etapa consiste em ficar atento a qualquer piora, pois nem todas as pessoas atacadas pela doença se tornam incapazes de levar uma vida ativa. Alterações parciais da visão, tremores, vertigens e perda de equilíbrio são sinais de piora da doença.

A partir do momento em que o médico confirma o diagnóstico de EM, o doente não precisará enfrentar sozinho essa batalha. No Brasil, principalmente em São Paulo, existe, desde 1984, a ABEM – Associação Brasileira de Esclerose Múltipla –, que pode recomendar tratamentos especiais, com fisioterapeutas, fonoaudiólogos e psicólogos, bem como indicar contatos com familiares de outros portadores dessa doença.

Doenças pulmonares

GRIPE E RESFRIADOS

Assim como ocorre com as doenças pulmonares, a aproximação dos dias frios de outono-inverno traz uma incidência maior de gripe e resfriados. Muitas pessoas questionam a possibilidade de ficar com gripe ou resfriado, mesmo tendo tomado a vacina contra a gripe. Há uma certa desinformação sobre o que é gripe e o que é resfriado, ou se não seriam a mesma doença.

No Estado de São Paulo, a campanha de vacinação para pessoas com sessenta anos ou mais começou no outono de 1998. Em 1999, essa campanha estendeu-se para todo o país, por ser o Ano Internacional do Idoso. Nos anos subseqüentes, a vacinação não foi bem recebida pela população, e a adesão foi de apenas 70%. Os motivos alegados referiam-se a doenças que poderiam ser desencadeadas em pessoas vacinadas, como infarto, impotência ou até mesmo gripe ou resfriado.

É importante esclarecer que gripe e resfriado não são a mesma doença. Gripe é ocasionada somente pelo vírus chamado influenza e transmitida de um indivíduo a outro, pelas vias respiratórias, por simples gotículas do ar. Provoca febre alta (39° ou mais), indisposição geral, calafrios, dores de cabeça, dor na garganta, nos músculos, dificuldade em respirar e tosse seca. Se não for tratada a tempo, poderá evoluir para pneumonia, pricipalmente nas pessoas acima de sessenta anos. Esses pacientes geralmente são portadores de outras doenças, como diabetes, hipertensão ou têm o hábito de fumar, e por isso apresentam diminuição das defesas do organismo.

Em 1918, houve uma pandemia de gripe, a "gripe espanhola", cuja origem não foi devidamente comprovada. Há uma hipótese de que possa ter ocorrido a transmissão de um vírus do porco para o homem. Nessa pandemia morreram cerca de quarenta milhões de pessoas! Em 2005, o mundo está sob outra ameaça de pandemia, denominada gripe aviária, transmitida por um vírus da galinha, ainda desconhecido no sistema imunológico do homem, cuja origem está em Hong Kong, na China. As pesquisas avançam em ritmo acelerado para identificar o vírus e evitar a contaminação mundial.

Quem foi vacinado contra gripe está protegido por um ano, pelo menos, mas não fica imunizado dos resfriados. Estes são provocados por muitos tipos de vírus, menos o da influenza. No resfriado aparecem coriza, leve dor de garganta e febre, com menor intensidade. Os resfriados apresentam manifestações diferentes em cada pessoa. Como explicar, então, que o paciente ficou com gripe alguns dias após ter sido vacinado? Provavalmente, já estava contaminado por algum vírus e não houve tempo suficiente para a ação da vacina, pois são necessários 15 dias para o organismo reagir com anticorpos. Nesses casos, os sintomas de gripe são mais fracos e semelhantes aos do resfriado e desaparecem em dois a três dias.

Há um reduzido número de pessoas que não podem receber a vacina – são as que apresentam alergia ao ovo, ao mercúrio cromo e ao mertiolate. Nesse caso, incluem-se também alguns portadores de doenças neurólogicas, como a síndrome de Guillain-Barré. As reações que surgem após a aplicação da vacina, como dor, inchaço local e dores de cabeça são passageiras. Se houver outras manifestações, o médico deve ser avisado imediatamente ou o paciente deve retornar ao posto de vacinação.

Outro mito que está sendo derrubado é o da vitamina C. Até pouco tempo, acreditava-se que quem tomasse grandes doses de vitamina C diariamente estaria protegido de resfriados. Não é verdade. Vários estudos já comprovaram que vitamina C e antibióticos não têm ação nos resfriados ou na gripe. Antibióticos só devem ser tomados, com recomendação médica, diante de comprovação de pneumonia.

A vitamina C é encontrada em frutas frescas (não nos enlatados) e em quase todas as verduras e legumes. Ela age na redução dos radicais livres no organismo e retarda o envelhecimento celular.

A vacina contra a gripe não provoca resfriados, pelo contrário, o indivíduo vacinado tem reduzida a possibilidade de adquirir outras doenças, como a pneumonia.

PNEUMONIAS

Nos dias frios de outono é maior a freqüência de infecções respiratórias, como asma, bronquite e enfisema, que podem surgir isoladas ou inter-relacionadas. Em geral, a asma não é provocada pelo fumo e não leva ao enfisema. Na maioria das vezes, a bronquite crônica e o enfisema são ocasionados pelo cigarro.

As pneumonias não constituem uma única doença, mas uma lesão do pulmão, onde estão presentes inúmeras bactérias, centenas de vírus, fungos e parasitas, como o protozoário causador da pneumonia característica dos portadores de Aids. Não se pode esquecer a fumaça emitida pelos cigarros e charutos, que são tóxicas e provocam pneumonias comuns nos idosos.

A recomendação da aplicação da vacina em pessoas com sessenta anos ou mais continua sendo válida e preventiva, com maior razão quando o idoso ja apresentou alguma patologia pulmonar no passado ou ainda é fumante. Essa vacina reduz a possibilidade de pneumonia, principalmente a mais comum, ocasionada pelos pneumococos. Seus efeitos colaterais, entre os quais, discreta dor no local e febre mínima, cessam em 24 a 48 horas.

As pneumonias, em geral, começam com tosse forte, febre alta (38° a 40°), arrepios de frio e tremores pelo corpo. Pode ainda ocorrer uma forte dor no peito, ao respirar mais fundo. Não se deve esperar piorar; é preciso ir logo ao médico, que solicitará exames apropriados e iniciará o tratamento por um período de sete a dez dias. Se não houver melhora nesse prazo, com repouso em casa e medicamentos, será indicada a internação.

O risco de contrair pneumonia em nossos dias cresceu muito, devido à exposição ao ar condicionado contaminado, viagens em transportes fechados, muitas vezes superlotados, com reduzida circulação de ar, onde não se conhecem os outros passageiros, e, principalmente, hospedagem em hotéis sem referência. Se uma pessoa for diabética, hipertensa e fumante, e ainda ingerir um pouco mais de bebidas alcoólicas, os cuidados devem ser redobrados.

Ainda é preocupante a pneumonia atípica asiática (SARS – síndrome aguda respiratória severa), originária do interior da China, que se espalhou para Hong Kong, Cingapura, Canadá e Estados Unidos. As mais recentes pesquisas chegaram a algumas conclusões a respeito das causas dessa doença: falta de saneamento básico, assim como a probabilidade de ser proveniente de animais, como a civeta, consumido como iguaria pelas classes mais pobres. É assustadora a transmissão de doenças cujos vírus provêm de animais. Os testes em voluntários chineses para uma vacina experimental contra a SARS apresentam boas expectativas, devendo-se esperar a persistência de anticorpos durante nove meses. Após essa avaliação, será necessária uma nova aplicação da vacina, envolvendo centenas de cidadãos chineses para aprovação.

Algumas medidas para prevenção de pneumonias:

1 - Tomar as vacinas distribuídas nos postos de saúde de todo o Brasil nos meses recomendados. Para a SARS, infelizmente ainda não existe vacina aprovada.

2 - Não fumar.

3 - Comer muitas frutas, legumes e verduras, além dos alimentos habituais.

4 - Tomar bastante água.

5 - Caminhar meia hora por dia ao ar livre.

6 - Evitar exposição desnecessária em ambientes fechados com aglomeração de pessoas.

VACINAS

A projeção do IBGE para 2020 prevê cerca de trinta e dois milhões de pessoas com mais de sessenta e cinco anos no Brasil. Sabedor desse fato, o Ministério da Saúde vem propondo, desde 1995, a campanha anual de imunização para idosos, nos meses de outono, aplicando vacinas apropriadas.

A gripe é uma infecção respiratória aguda, que já causou mais mortes que as duas grandes guerras mundiais do século XX. Por ano, ainda 10% da população mundial é atingida pela gripe, caracterizada por febre repentina, indisposição, dores de cabeça e musculares, acompanhadas de tosse. Em geral, é uma infecção benigna, mas em idosos a resposta pode ser mais grave.

A vacina contra a gripe deve, obrigatoriamente, ser aplicada uma vez por ano em idosos residentes em instituições ou casas de saúde, onde a propagação é mais rápida pela inalação, devido ao contato próximo. A eficácia, nesses casos, é de 60%, sendo que se pode prevenir 80% da ocorrência de pneumonia.

Devem tomar a vacina todas as pessoas com sessenta anos ou mais, além daquelas que já apresentaram alguma moléstia pulmonar ou doenças crônicas, não importando a idade. Os médicos e outros profissionais de saúde, que tenham contato com pacientes de alto risco devem ser vacinados.

Não se indica a vacina a pessoas que apresentam hipersensibilidade à proteína do ovo e às portadoras de moléstia grave ou febre não esclarecida.

A pneumonia é uma doença provocada por diversos pneumococos, que são bactérias causadoras, entre outras patologias, de meningite, sinusite e otite. A vacina contra pneumonia pode ser dada concomitantemente com a da gripe, mas pelo menos dois meses antes do inverno, para obtenção de altos níveis de anticorpos na época de junho-julho, quando as pessoas se encontram mais suscetíveis à doença. A repetição da vacina contra pneumonia é recomendada após cinco ou seis anos ou na data de aniversário, principalmente nos residentes em casa de saúde ou portadores de transplante renal ou outros transplantes.

Entre as demais vacinas importantes, que independem de época, está a vacina contra o tétano, dirigida mais àqueles que residem ou, costumeiramente, vão a sítios ou fazendas e andam com os pés no chão. É aplicada em três doses consecutivas, com intervalo de dois meses. A imunização é de dez anos. Podemos citar ainda as vacinas contra hepatite, cólera (obrigatória para viajantes a determinados países) e febre amarela (em regiões endêmicas).

Para complementar esta orientação, é preciso lembrar que resfriado comum não é gripe – na dúvida, é necessário consultar o médico. É preciso lembrar que a automedicação com antibióticos ou outros produtos anunciados nos meios de comunicação podem mascarar os efeitos da verdadeira gripe.

Doença do sono

COMO SE LIVRAR DA INSÔNIA

A insônia não é uma doença, mas um sintoma de algo que está afetando o sono e a qualidade de vida. Atinge principalmente as pessoas que moram sozinhas, mulheres e idosos. Entre as pessoas que sofrem de insônia, 45% sofrem de estresse durante o dia, com cansaço físico, irritação e nervosismo.

À medida em que envelhecemos, dormimos de maneira diferente, devido à diminuição progressiva de hormônios, como a melantonina e a testosterona. O sono vem mais depressa à noite e despertamos mais cedo pela manhã – o ciclo do sono também se altera. Podemos dormir bem entre duas e quatro horas da madrugada ou entre duas e quatro horas da tarde, a famosa sesta. É costume em certas regiões do Brasil e da Europa, como Itália, onde o comércio fecha à tarde e as pessoas vão para o almoço em família.

Nem sempre algumas poucas horas de sono significam insônia. Assim, pessoas acima de sessenta e cinco anos geralmente dormem cinco horas e acordam cedo, bem dispostas. Um recém-nascido dorme cerca de dezesseis horas por dia, enquanto, na fase adulta, oito horas de sono contínuo são suficientes. Ter um sono tranqüilo melhora o desempenho sexual e diminui a disfunção erétil, conforme estudo de pesquisadores israelenses.

Com o passar dos anos, o sono vai diminuindo, até chegar a quatro ou cinco horas, na idade mais avançada.

Considera-se que uma pessoa tem insônia quando esse distúrbio do sono ultrapassa três semanas. Um terço das doenças que provocam a perda do sono é de ordem psicológica – depressão e ansiedade são as mais freqüentes. Outras doenças que provocam insônia são ocasionadas por interrupções da respiração, devido a obstrução da faringe, provocando apnéia do sono, que exige tratamento especializado.

O sono de um adulto normal obedece a um ciclo de seis fases, que se repetem quatro ou cinco vezes ao longo da noite. Cada uma dessas fases dura de uma a duas horas.

1 - Vigília - quando estamos acordados.

2 - Estágio I - momento da sonolência – representa 5% do período de sono.

3 - Estágio II - o sono ainda é superficial, numa transição à etapa seguinte – compreende 30% do total.

4 - Estágio III - nesta fase o sono é profundo, começa o descanso do corpo e ocupa 10%.

5 - Estágio IV - prossegue o descanso do corpo e o sono é pesado. É igual ao estágio III e predomina no início da noite. Se uma pessoa for acordada nesse momento, o mau humor é inevitável. Consome 30% do repouso.

6 - REM - abreviação de uma palavra inglesa que significa movimento rápido dos olhos. É a hora dos sonhos e do descanso mental. Toma 25% do final do sono.

Se todas as etapas não seguirem essa ordem, estamos diante da insônia. Pode-se preparar o sono fisiológico através de algumas condutas simples, sem uso de medicamentos, quando não há doenças como aumento da próstata (que obriga o homem a acordar várias vezes à noite para urinar), dor de câncer e de artrose, falta de ar por enfisema, asma ou tosse crônica. Outros fatores que perturbam o sono são a perda de entes queridos, preocupações financeiras e efeitos colaterais de medicamentos.

As condutas mais simples consistem em deixar o quarto bem escuro, isolando ao máximo os ruídos e mantendo a temperatura entre 15 e 25 graus. Cigarro, café e álcool são proibidos, por serem estimulantes (cigarro, nem durante o dia!) A televisão, principalmente nos dias de hoje, deve permanecer desligada se o programa não for agradável. Optar por uma leitura amena. Também não se recomenda fazer exercícios com bicicleta ergométrica ou corridas noturnas.

Ao deitar, tentar um relaxamento, ouvindo música suave, fazer um exercício de respiração abdominal, soltando o ar lentamente, e não esquecer de usar uma roupa confortável. Manter uma relação sexual, tomar um banho morno e, para muitas pessoas, um copo de leite quente ajuda a adormecer.

Se o sono não vier, após todos esses cuidados, é indicado procurar um médico, para identificar a causa, e ele receitará algum medicamento que não produza dependência química. Já existem derivados de plantas, como a combinação de valeriana e melissa, que induzem ao sono, sem provocar dependência química.

MEDICAMENTOS

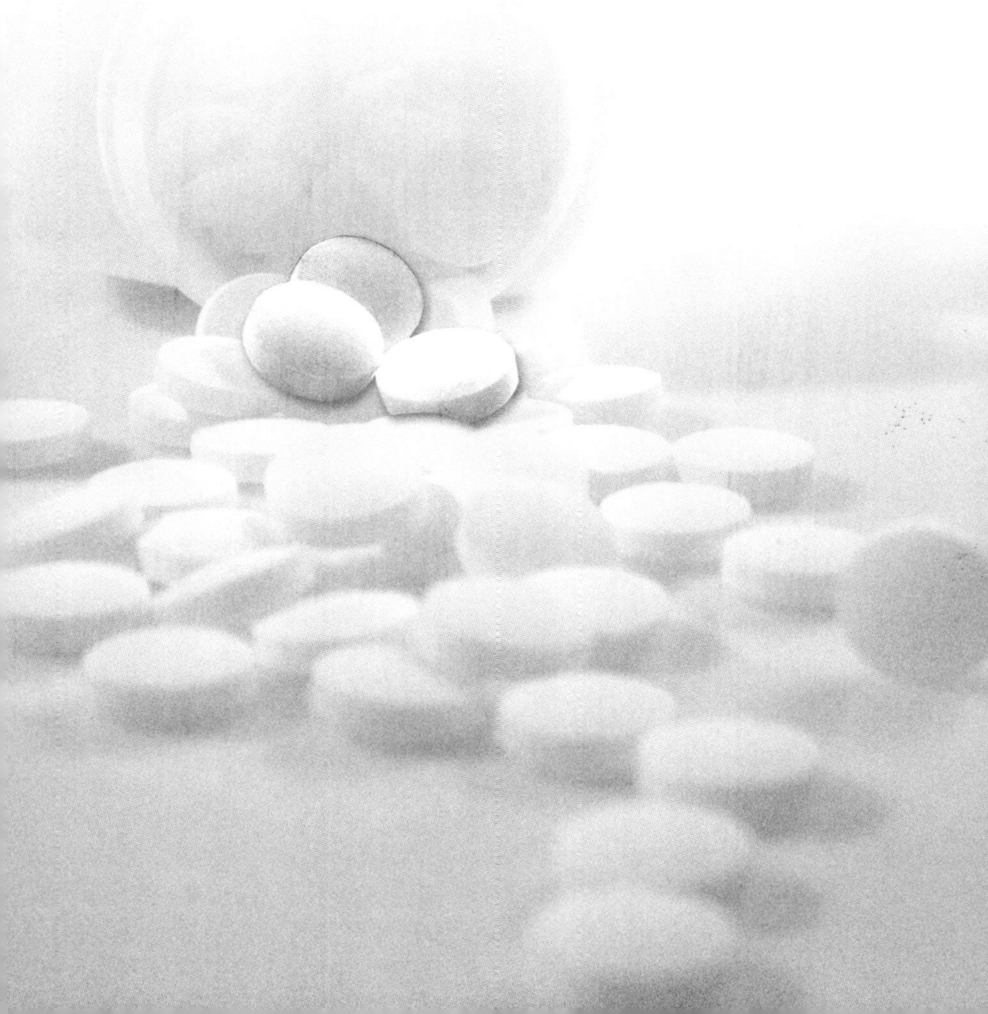

Medicamentos na terceira idade

No mundo inteiro, 85% de pessoas que chegam à chamada terceira idade (acima de sessenta e cinco anos nos países desenvolvidos e sessenta anos nos países em desenvolvimento) já apresentam algumas doenças crônicas, principalmente atingindo o coração (infarto, angina, arritmias), diabetes (com manifestações danosas sobre o coração, visão, rins e ossos), além de patologias pulmonares, como pneumonias. Encontram-se também alterações ósseas, como a osteoporose, ocasionando fraturas.

Quando esses pacientes são internados, as doenças préexistentes se agravam, pois eles ficam mais sensíveis a infecções hospitalares, que podem ser fatais. Quantas vezes assistimos pacientes internados por uma patologia, que ficam infectados por outra doença dentro do próprio hospital, mais grave até do que aquela motivadora da internação!

A indústria farmacêutica, não só no Brasil, como também nos Estados Unidos e Europa, veicula propagandas em jornais, revistas e até em out-doors, gerando uma falsa imagem de que para o idoso manter a saúde em dia é bom tomar diversas pílulas, como vitaminas e outros produtos que, a princípio, parecem não prejudiciais, mas sendo administrados junto com medicamentos já prescritos por um médico, poderão provocar efeitos adversos à saúde, devido à interação dessas drogas.

É comum nas nossas televisões, após a propaganda de um medicamento, aparecerem em letras garrafais "ao persistirem os sintomas, consulte o médico". O pobre coitado, porém, já gastou o seu dinheiro naquele remédio, que foi inócuo ou até prejudicial. Terá ele condições financeiras de pagar o médico? Não seria melhor coibir a propaganda enganosa? Ou poderia haver uma formulação diferente: "Consulte o seu médico antes de utilizar esse medicamento."

Além desses cuidados, é aconselhável o paciente comunicar ao médico de confiança todos os remédios que está tomando, seja por recomendação do vizinho ou de outro médico. Na consulta, será orientado sobre o que tomar e o que suspender, por ser prejudicial ou não surtir nenhum efeito.

Para exemplificar uma interação medicamentosa, o gingko biloba também apresenta contra-indicações. Extraído da planta de mesmo nome, é um dos mais prescritos desde a década de 90 para ajudar a memória, e é indicado para tratamento de zumbidos no ouvido. Entretanto, pode induzir a sangramento, por aumentar a viscosidade sanguínea em pacientes que tomam ácido acetil-salicílico (AAS), seja na dose infantil (100 mg) ou em doses mais altas, quando faz parte da composição de outros remédios prescritos.

Um risco sério consiste em tomar remédios em excesso, por confundir horários ou esquecer de tomar naquele dia e hora. Para que isso não ocorra, deve ser feito um calendário diário, com hora certa, nome e quantidade de líquidos, pílulas ou gotas a ingerir cada vez e durante quanto tempo. Esse calendário deverá ser fixado num local visível.

Por essa razão, recomendamos consultar o médico antes de comprar qualquer medicamento, seja por anúncio ou agora também pela internet. É preciso se inteirar da real necessidade desse remédio e dos eventuais efeitos nocivos que possa acarretar.

Iatrogenia

A iatrogenia ocorre quando há piora no decorrer do tratamento de um paciente, devido ao efeito de medicamentos receitados, pelo fato de o médico desconhecer essas reações. Pode ser provocada por inúmeros tipos de substância.

Para os médicos estarem capacitados a prescrever as mais diversas substâncias é necessário um conhecimento sólido de Farmacologia e de interação de drogas. É também imprescindível o tempo para analisar cada caso, nem sempre possível no dia-a-dia. O conhecimento sobre iatrogenia não tem sido transmitido satisfatoriamente aos alunos de Medicina, por deficiência do ensino. Há um excesso de escolas médicas nos grandes centros – 117 na região sudeste, sendo 55 no Estado de São Paulo. A Organização Mundial de Saúde estabelece que é necessário um médico para cada mil habitantes. No Brasil, já temos um médico para 264 habitantes.

Só em 2003, foram aprovadas mais três escolas de Medicina, mas o Cremesp (Conselho Regional de Medicina do Estado de São Paulo) entrou com representação contra a aprovação desses cursos, por não ter sido consultado. Infelizmente, há escolas médicas privadas que cobram altas mensalidades e não oferecem corpo docente e equipamentos condizentes ao alto custo.

Diante desses fatos, a formação desses alunos é insuficiente e eles precisam complementar os estudos com residência médica de dois a quatro anos, conforme a especialidade escolhida. Muitos desses residentes nem sempre estão habilitados para o diagnóstico correto.

Sem condições financeiras para montar o próprio consultório, ficam à mercê dos convênios médicos, que lhes pagam preços não condizentes aos honorários mínimos estabelecidos pela Associação Médica Brasileira (AMB). Esse aviltamento profissional leva muitos médicos a "correr" com cada consulta, não chegando nem aos quinze minutos determinados pela AMB.

Quem mais sofre com a prescrição excessiva de medicamentos são os idosos – 85% deles apresentam diversas patologias associadas. As mais comuns são: doenças cardiovasculares, osteoarticulares, diabetes e doenças pulmonares. Para cada uma dessas doenças é necessário ingerir um ou mais medicamentos e, geralmente, esses doentes consultam vários médicos. Nem sempre os profissionais verificam os remédios que o paciente vem tomando sob prescrição médica ou por conta própria.

A conduta médica deve-se pautar pelo acompanhamento das transformações decorrentes da idade, e a prescrição depende da certeza de um diagnóstico – não devem ser tratados apenas os sintomas. A dose de medicamentos para um idoso difere daquela que costuma ser ministrada a um adulto de menos de sessenta e cinco anos.

O grande número de drogas que os idosos tomam explica as reações adversas, maiores que as verificadas entre pessoas de menos idade. Isto se deve a eventuais disfunções no metabolismo do fígado e excreção renal.

Aconselhamos aos pacientes que consultam vários especialistas informar as doses de medicamentos que já ingerem e também outros sem prescrição médica, como vitaminas, laxantes e fitoterápicos. Destacamos que é importante ser examinado por profissionais de boa formação, para não sofrer as conseqüências de drogas que, isoladamente são eficazes, mas associadas às vezes a um simples laxante, podem ser prejudiciais.

Quando um cliente sai do consultório, é preciso estar completamente esclarecido sobre os efeitos de todos os medicamentos a serem tomados. Se o médico não dá todas as informações e as dúvidas permanecem, é preciso ouvir uma segunda opinião, porque a responsabilidade de prescrição é sempre do médico, mas os efeitos da ingestão de remédios recaem sobre o paciente.

Em certos casos, procede a crítica de Hubbard: "o pior nos medicamentos é que um torna necessário o emprego de outros."

Todos os medicamentos fazem bem?

Quando alguém ouve falar sobre algum medicamento popular, justifica essa preferência afirmando: "se não faz bem, mal não faz."

É preciso estar atento a que nem todos os produtos vendidos sem receita médica são isentos de toxicidade, como as vitaminas e os chamados antioxidantes (capazes de eliminar os radicais livres).

A Sociedade Brasileira de Geriatria – seção de São Paulo – recentemente distribuiu um aviso à população contra os medicamentos rejuvenescedores, à base de várias vitaminas, considerados miraculosos em retardar o envelhecimentos natural, mas que na realidade somente são miraculosos nos bolsos dos fabricantes.

O médico inglês Richard Smith, ex-editor da respeitada revista *British Medical Journal*, publicou em 2005 uma pesquisa denunciando a influência das empresas farmacêuticas nas conclusões de trabalhos científicos divulgados nessa revista. Assim, as empresas manipulam os resultados, fazendo com que os efeitos dos medicamentos pareçam muito melhores do que realmente são. Esse médico propôs que se cancelassem todas as publicações de testes clínicos de medicamentos nas revistas científicas, com a finalidade de permitir aos leitores examinarem com isenção o potencial e o perigo da ingestão de cada remédio. Smith defende a publicação e a crítica de várias opiniões sobre o texto científico na mesma revista, e não a aceitação passiva da divulgação comprometida de medicamentos lançados pela indústria farmacêutica.

Segundo dados recentes da Anvisa (Agência Nacional de Vigilância Sanitária), 20% dos produtos comercializados sem receita médica contêm a mensagem "aprovado" e/ ou "recomendado por especialistas", 15% não informam a contra-indicação principal, 15% não mencionam nenhum efeito colateral e 9% mostram comprovações sem nenhum estudo clínico prévio.

E o que dizer dos estabelecimentos onde não há nenhum farmacêutico responsável para orientar o cliente sem receita médica? Apenas há balconistas, que se limitam a verificar o preço dos produtos e a oferecer essa ou aquela vitamina, colocada estrategicamente ao lado do caixa, onde se fará o pagamento. O próprio funcionário sugere: "O senhor não quer aproveitar e levar esta conhecida vitamina, que está em oferta?". Isso não ocorre só no Brasil. Nos Estados Unidos, em grandes centros, como Nova York, Los Angeles e até Washington, também se pode entrar em *drugstores*, verdadeiros supermercados de drogas, pegar uma cestinha de plástico, colocar os produtos disponíveis nas prateleiras e pagar no caixa, sem nenhuma receita médica!

Pessoas idosas sempre apresentam maior número de doenças associadas. Por esse motivo, o médico, ao prescrever remédios, deve estar informado sobre os demais medicamentos que o paciente está tomando, para não agravar o estado geral com uma interação prejudicial.

As absorções, metabolismo, eliminação final dos resíduos dos medicamentos em idosos sofrem alterações, porque o metabolismo hepático e excreção renal desses pacientes já estão comprometidos por lesões decorrentes da idade.

Para exemplificar, selecionamos algumas drogas que apresentam reações adversas nos idosos, pois esses são sempre mais suscetíveis aos efeitos terapêuticos ou tóxicos dos medicamentos. Poucas drogas são testadas com cuidado nos idosos. Antibióticos, muitas vezes, imprescindíveis para o tratamento de algumas doenças, como a pneumonia, apresentam reações colaterais graves, dependendo da dose em idosos, curando essa doença, mas provocando aplasia medular, lesões auditivas e até convulsões.

A simples ingestão de vitamina C por muito tempo pode desencadear uma crise de cólica renal no idoso, porque ele não sabia da pré-existência de pedras nos rins!

Recomendamos aos pacientes a leitura atenta das bulas, quando o médico não orientar o suficiente sobre os efeitos nocivos. Vale a pena pegar uma lente de aumento e ler os itens de contra-indicações, precauções e advertências, interações medicamentosas e reações adversas colaterais.

Felizmente, alguns laboratórios estão modificando os textos das bulas, tornando-as mais acessíveis, com letras maiores e explicações mais claras.

Medicamentos – quando tomar, quando parar

É preciso ter cuidado com a automedicação. Os médicos sempre desaconselham a compra de produtos em farmácias, cujos funcionários são orientados a forçar a aquisição de complexos vitamínicos e de outros produtos aparentemente inócuos, a baixos preços. Na maioria das vezes, não trazem nenhum efeito benéfico ao comprador e até podem provocar uma interação com outros medicamentos, realmente necessários ao tratamento.

Infelizmente, a motivação dos idosos a tomar medicamentos é maior quando a propaganda é veiculada pela televisão ou out-doors espalhados em pontos estratégicos. E quando se trata de ingerir medicamentos realmente úteis, prescritos pelo médico, a adesão tende a ser menor, principalmente em casos de hipertensão arterial, em que o remédio precisa ser tomado diariamente.

O paciente pensa que, se a sua pressão arterial já chegou ao nível recomendado pelo médico, pode suspender o medicamento, o que é um grande erro – é essa droga que está promovendo a manutenção da pressão arterial em níveis adequados à sua idade.

Estatísticas recentes informam que 40% dos medicamentos que os idosos tomam não são prescritos por médicos, principalmente analgésicos. Por exemplo: o ácido acetil-salicílico (AAS), componente de vários medicamentos comprados livremente, pode ocasionar efeitos colaterais graves, como sangramento nasal ou por úlcera no estômago.

O uso de muitos antidepressivos pode aumentar a retenção de urina em idosos, devido ao já existente aumento benigno da próstata (hiperplasia benigna). Outro medicamento muito usado para tratamento de surtos psicóticos é o haloperidol, que pode provocar excitação constante por excesso de dosagem, causando o efeito contrário ao esperado pelo medicamento.

Muitos remédios novos receitados por psiquiatras aos idosos podem provocar insuficiência cardíaca, infecções, como pneumonia, ou até morte súbita, como no caso de pacientes que apresentam demência senil e que estão tomando vários medicamentos antipsicóticos. A bula desses medicamentos deveria destacar o risco potencial a que os idosos demenciados estão sujeitos.

E o que dizer quando o paciente cessa de tomar o medicamento por conta própria? Já citamos o caso dos hipertensos, mas há produtos, como os benzodiazepínicos, em geral, dos quais o mais conhecido e utilizado é o genérico fluoxetina, muito receitado em casos de depressão.

O que pode ocorrer, se o paciente suspende esse medicamento, sem acompanhamento médico? Surge uma síndrome de abstinência, com insônia, irritabilidade, perturbação do humor diário, tonturas, vertigens e até tremores, perdurando por várias semanas e, com isso, volta a depressão.

Nesses casos, o médico deve inicar a suspensão progressiva do remédio, ministrando pequenas doses, ajustadas semanalmente, até chegar o momento da suspensão definitiva e, mesmo assim, o paciente precisa de acompanhamento médico por mais um mês, pelo menos.

Outras substâncias, como calmantes e diuréticos reunidos numa mesma fórmula para emagrecimento, já são proibidas pelo Conselho Federal de Medicina, mas apesar disso continuam em circulação, trazendo prejuízos à saúde, por doses mal formuladas.

Com tantos esforços de várias áreas científicas no intuito de proporcionar melhor qualidade e prolongamento da vida dos idosos, é lamentável que medicamentos mal receitados, ou vendidos sem controle, venham a prejudicar esse empenho.

Medicamentos fracionados

Ainda são precárias, no Brasil, as condições de acesso aos medicamentos a todas as pessoas que deles necessitam. As pesquisas mostram que 40% da população não dispõem desses recursos. O SUS (Sistema Único de Saúde), mesmo com distribuição de alguns medicamentos nas farmácias populares, até agora não chegou a um patamar adequado.

Os medicamentos chamados genéricos apresentam, muitas vezes, preços mais altos que os remédios produzidos pelos laboratórios tradicionais, apesar da regulamentação da Lei 9.787, de 1999, que estabelece um preço 45% mais barato para os genéricos. Há ainda o desperdício – os remédios que sobram são jogados no lixo ou esquecidos em gavetas, perdendo o prazo de validade, além do risco de ingestão por crianças. É preciso lembrar que o dinheiro gasto em medicamentos representa pelo menos 30% da minguada aposentadoria.

Diante da gravidade desses problemas, foi aprovado, em 20 de janeiro de 2005, o Decreto nº 5.348, que regulamenta a venda fracionada de medicamentos em farmácias. Entretanto, da forma como foi editado, em nada altera a situação atual. Por esse decreto, os laboratórios não são obrigados a produzir embalagens com as doses fracionadas. Quanto às farmácias, ficam desobrigadas de vender medicamentos fracionados – é opcional.

Esta situação não se verifica em outros países, como Estados Unidos, Europa e Japão. Em primeiro lugar, nesses países nenhum medicamento, por mais inofensivo que possa parecer, é vendido sem receita médica, assinada por profissional registrado no país. Em segundo lugar, a prescrição já é feita pelo médico na dose necessária para cada caso. Se o paciente vai viajar durante uma semana, o médico só receitará a dose necessária aos dias de viagem. É importante ressaltar que a maioria dos hospitais desses países, particulares ou públicos, possui farmácias que fornecem as prescrições em embalagens com as doses recomendadas. Em terceiro lugar, esses medicamentos prescritos já vêm acondicionados em envelopes, onde constam nome, quantidade, uso indicado e prazo de validade, diminuindo o custo de uma embalagem cartonada e em cores.

O decreto determina que os medicamentos devem ser fracionados na farmácia pelo farmacêutico. Este é um ponto crucial que, a nosso ver, não foi devidamente equacionado no Brasil. Não havendo eficiência na Vigilância Sanitária, a quem caberia fiscalizar a permanência de um farmacêutico diplomado em cada estabelecimento? Não podemos ter certeza de que um determinado produto é original ou fabricado em fundo de quintal, com farinha de trigo, passando por antibiótico, o que já ocorreu. Outra dificuldade do farmacêutico reside na adaptação das instalações exigidas pelo decreto para armazenar os remédios a serem fracionados. O ideal seria que as farmácias pertencentes a hospitais, particulares ou públicos, estendessem o atendimento à população em geral na venda dos remédios fracionados, não se restringindo aos doentes internados.

Essas questões seriam resolvidas se os próprios laboratórios entregassem os produtos já fracionados, em quantidades adequadas ao consumo reduzido, assim como fazem com as embalagens normais. Parece não haver interesse político ou econômico em mexer na estrutura montada pelos laboratórios, na maioria multinacionais.

No Brasil, há muitos medicamentos cujas formulações não se apresentam idênticas em suas doses, como as lançadas nos países de origem. Muitos desses medicamentos ainda não tiveram a sua eficácia comprovada, bem como os efeitos colaterais não foram totalmente eliminados. Muitas vezes, pesquisas superficiais publicadas em revistas científicas credenciam um novo medicamento sem uma comprovação mais aprofundada dos efeitos benéficos ou colaterais.

Em Medicina há uma expressão latina, que não pode ser esquecida no exercício cotidiano: "primum non nocere", ou seja, antes de mais nada, não prejudicar. No caso dos medicamentos, nunca prescrever um remédio que possa produzir efeitos colaterais danosos.

DIVERGÊNCIAS

A segunda opinião

"Ser honesto e reconhecer limites são traços essenciais de um bom profissinal."
Jerome Groopman
Harvard University

O livro "Second Opinions" do Prof. Jerome Groopman, catedrático da Harvard Medical School, uma das mais conceituadas faculdades de Medicina do mundo, vem obtendo a maior repercussão no meio médico americano. No Brasil, ainda não há data para tradução e lançamento.

Mas o que seria uma segunda opinião? A segunda opinião sobre um diagnóstico deverá ser solicitada pelo paciente quando o procedimento que o primeiro médico indicou não ficou muito claro. É mais uma intuição do próprio paciente de que a escolha do tratamento proposto não é a mais adequada ao seu caso.

Essa segunda opinião poderá ser solicitada a outro médico, tenha ou não a mesma especialidade. No caso de indicação cirúrgica, se o paciente não está totalmente convencido da necessidade desse procedimento consultará um clínico de boa formação ou um geriatra, se for o caso, para tirar as dúvidas.

Aliás, qualquer cirurgia deve ter sempre o acompanhamento pré e pós-operatório de um clínico. É difícil para o cirurgião operar e ficar observando um paciente na sua evolução clínica, principalmente quando esse paciente é diabético, hipertenso ou portador de alergia a vários componentes que costumam ser utilizados num ato cirúrgico.

Já se foi o tempo em que o médico de família tratava desde o avô até o netinho – era o médico de confiança. Embora solicitando a consulta a outros especialistas, sempre se ouvia a palavra do médico de família, cuja opinião era seguida, mesmo que não fosse a mais acertada, devido à limitação dos seus conhecimentos médicos.

Hoje em dia, esse contato se perdeu, porque os convênios massificaram as consultas. Não é mais possível ao paciente retornar sempre com o primeiro médico que o atendeu – na maioria das vezes, esse médico não continua prestando serviços ao mesmo convênio e o atendimento individualizado torna-se impossível para a maioria da população.

Algumas faculdades médicas brasileiras já estão orientando os alunos nos cursos de Medicina Legal a encaminharem eles mesmos o paciente a outro colega de confiança em caso de mínima dúvida. É inegável que hoje em dia um médico não pode ter o domínio total das numerosas especilidades – não existe a onipotência. Diagnósticos mal fundamentados podem gerar processos, pois o paciente ou a família não se conformam com o erro médico.

Quem fez residência médica sabe que o tratamento de um caso clínico ou cirúrgico de paciente internado em hospital-escola nunca é decidido por um único médico. O clínico chama o gastro, depois o cirurgião, por exemplo. A discussão do caso se faz pelos três médicos, até chegar a um consenso do que é melhor para aquele paciente.

Assim deveria ocorrer na prática médica em consultórios particulares, pois nós médicos sabemos que não só tratamos doenças, mas doentes. A mesma doença não se manifesta do mesmo modo em todos os pacientes.

Quando o cliente sentir que a conduta adotada pelo médico não o satisfaz, deve ouvir uma segunda ou até terceira opinião.

FINITUDE

Quando a hora chegar

"Tem só duas datas: a de minha nascença e a de minha morte."
Fernando Pessoa

Será possível resumir assim toda uma vida? O poeta prossegue, afirmando que, entre uma data e outra, todos os dias eram dele.

O conceito de vida e morte é cultural – varia entre os costumes de diferentes povos.

O Japão, país conhecido por respeitar seus idosos e antepassados, continua proporcionando ótima assistência aos mais velhos. Já no outro extremo, os esquimós, quando vão à caça ou à pesca e não mais conseguem sustento para seus pais, velhos e fracos, os abandonam fora de casa, para morrerem congelados. O mesmo ocorre em certos povoados mexicanos, onde o idoso é levado para o alto de uma montanha com um cobertor, para os seus últimos dias.

Se, após uma vida feliz e produtiva, aparece uma doença grave, a esperança deve ser mantida. Cabe ao médico informar sobre a limitação da ciência e empenhar-se em oferecer todos os recursos disponíveis. Lidar com o doente terminal é a situação mais dolorosa e frustrante da profissão médica. Muitas vezes, os diagnósticos não são tão precisos, porque a Medicina não é uma ciência exata.

Diante de diferentes opções no propósito de salvar uma vida é sempre recomendável ouvir outras opiniões. Se houver a certeza de uma doença fatal, o paciente deve ser informado, com a sutileza que a situação exige. É preferível dar uma certeza negativa, a alimentar uma esperança duvidosa. Se o paciente estiver inconsciente, a família deve ser orientada para tomar as providências necessárias. Sempre há um parente mais envolvido, que está a par das situações delicadas do relacionamento familiar, e assim pode receber as informações sobre o quadro do paciente. A presença do médico traz sempre conforto à família, mesmo que o doente já não consiga se comunicar.

No caso de câncer, por exemplo, há diversos tratamentos: cirúrgico, quimioterápico ou outros, que podem ocasionar mais riscos que benefícios. Cabe ao médico informar todas as possibilidades e riscos, para que a família decida o que fazer.

Outra questão a ser resolvida, ainda em vida, é a partilha dos bens. Estudo recente do Instituto Brasileiro de Ciências Criminais mostra que 40% das queixas de pessoas idosas dizem respeito a questões financeiras com parentes próximos (cônjuge, filhos e netos), no que se refere à divisão dos bens.

Nos Estados Unidos, a maioria dos médicos já é orientada para informar objetivamente à família ou ao próprio paciente sobre uma doença terminal. No Brasil, ainda falta uma educação nesse sentido, que deveria se iniciar ainda na infância.

Nossa experiência profissional tem mostrado que é preferível comunicar uma notícia triste, quando esgotados todos os recursos, a manter uma dúvida no ar. Lidando com a verdade, fica mais fácil ao paciente e à família tomar as providências que essas ocasiões extremas exigem. O que não se pode determinar com segurança é o tempo de vida do paciente. O médico nunca, pode afirmar que determinado doente terá somente três meses de vida, pois ele próprio poderá morrer antes...

Se a família ou o paciente insistem em saber quanto tempo ainda há de vida, o que se pode dizer é que, para essa doença, as estatísticas apontam para uma recuperação em 1% dos casos, mas não se pode saber se esse doente está incluído nesses dados.

Como dizia Sócrates, "A dificuldade não é evitar a morte, mas evitar que seja injusta."

Em condições terminais, é preferível o paciente ser levado para a sua casa, a permanecer o tempo todo em hospital, onde há o perigo de agravar a doença com as bactérias oportunistas da infecção hospitalar, que atingem pessoas mais debilitadas.

Marie Langer, psicóloga argentina dos anos sessenta, sintetizou com propriedade essa questão: "Assim como, em princípio, devemos respeitar a maneira de viver de cada um, sempre que não prejudique a sociedade, também devemos respeitar sua maneira de morrer."

A morte de um ente querido é sempre uma perda irreparável, que repercute de forma diferente em cada membro da família. Uns vão sofrer mais, por uma ligação afetiva profunda, outros vão se consolar, achando que o tempo irá curar a dor da perda.

e nós passamos como o tempo, num instante...

Sugestões para leitura

Aristóteles. *A Política*. 15ª edição, São Paulo: Escala, 2004.

Becker, Barbara. *Distúrbios do Sono*. Rio de Janeiro: Ediouro, 1994.

Bobbio, Norberto. *O tempo da memória: De senectute e outros escritos*. Rio de Janeiro: Campus, 1997.

Brower, Louis de. *L'art de rester jeune*. France, St-Jean-de-Braye: 1981.

Carper, Jean. *Alimentos, o melhor remédio para a boa saúde*. Rio de Janeiro: Campus, 1995.

Carter, Jimmy. As virtudes de envelhecer. Rio de Janeiro: Rocco, 2002.

Cícero. *Saber envelhecer*. São Paulo: LPM, 1997.

De Masi, Domenico. *O ócio criativo*. 2ª edição, Rio de Janeiro: Sextante, 2000.

Epicteto. *Arte de viver*. Rio de Janeiro: Sextante, 2000.

Fenton, Mark e Bauer, Seth. *Entre em forma caminhando*. Rio de Janeiro: Campus, 1996.

Goldman, Robert. *A saúde do cérebro*. 2ª edição, Rio de Janeiro: Campus, 1999.

Hayflick, Leonard. *Como e por que envelhecemos*. Rio de Janeiro: Campus, 1996.

Hipócrates. *Aforismos.* São Paulo: Martin Claret, 2004.

Ismael, J.C. *Sócrates e a arte de viver.* São Paulo: Ágora, 2004.

Jones, Frank. *The save your heart wine guide.* New York: St. Martin's Press, 1996.

Katz, Lawrence e Rubin, Manning. *Mantenha o seu cérebro vivo.* Rio de Janeiro: Sextante, 2000.

Khalsa, Dharma Singh e Stauth, Cameron. *Longevidade do cérebro.* Rio de Janeiro: 1997.

Nieman, David. *Exercício e saúde.* São Paulo: Manole, 1999.

Ornish, Dean's. *Program for reversing heart desease.* New York: Random House, 1990.

Ratey, John. *O cérebro: um guia para o usuário.* Rio de Janeiro: Objetiva, 2001.

Russell, Bertrand. *O elogio ao ócio.* Rio de Janeiro: Sextante, 2002.

Russel, Bertrand e Laforgue, Paul. *A economia do ócio. Organização e introdução: Domenico De Masi.* Rio de Janeiro: Sextante, 2001.

Salgado, Jocelem Mastrodi. *Previna doenças - Faça do alimento o seu medicamento.* São Paulo: Madras, 2001.

Santos, Sérgio de Paula. *Vinhos.* São Paulo: T.A. Queiroz, 1982.

Schacter, Daniel. *Os sete pecados da memória.* Rio de Janeiro: Rocco, 2003.

Schachter-Shalomi, Zalman e Miller, Ronald. *Mais velhos, mais sábios.* Rio de Janeiro: Campus,1996.

Selye, Hans. *Stress, a tensão da vida.* 2ª edição, São Paulo: Ibrasa, 1965.

Shakespeare, William. *Obras completas - vol. II - Comédias*. Rio de Janeiro: Nova Aguilar, 1988.

Srougi, Miguel. *Próstata, isso é com você*. São Paulo: Publifolhas, 2003.

Stuart-Hamilton, Ian. *A psicologia do envelhecimento*. Porto Alegre: Artmed, 2002.

The American Geriatrics Society' s Complete guide to aging & health. New York: Harmoni Books, 1995.

Oração do envelhecimento

"Senhor! Ensina-me a envelhecer.

Convence-me de que a comunidade não me faz nenhum agravo se me vai exonerando das responsabilidades.

Se não solicita mais a minha opinião,

Se escolhe outros para ocuparem o meu lugar.

Despoja-me do orgulho da experiência acumulada e da veleidade de me julgar insubstituível.

Que eu saiba ver, no gradativo desprendimento das coisas, apenas a lei do tempo.

Que eu descubra, nessa transferência de encargos, uma das palpitantes expressões da vida que se renova, sob o impulso da Tua providência.

Fazei, Senhor, que eu consiga ainda ser útil nesta terra, contribuindo com o otimismo e com a oração, para a alegria e a coragem de quem recebe o turno das responsabilidades.

Que eu viva, sem perder o contato humilde e sereno, com o mundo em transformação.

Que não lamente o passado, mas saiba fazer de meus sofrimentos pessoais um dom de reparação social.

Senhor, fazei com que o meu afastamento do campo de trabalho seja simples e natural, como um sereno, feliz e luminoso pôr-do-sol."

(autor anônimo)

Dr. LUIZ FREITAG, médico, dedica-se à Geriatria, tendo sido membro Fundador, em 1975, da seção São Paulo da Sociedade Brasileira de Geriatria e Gerontologia. Pertence à *American Geriatrics Society* de Nova York, desde 1995, e tem o título de especialista pela Sociedade Brasileira de Geriatria e Gerontologia. Fez curso de atualização nessa área na *Harvard Medical School* – Boston – *Department of Continuing Education*, em 1996.

Realizou o aperfeiçoamento em Cardiologia no Serviço do Prof. Luiz V. Décourt – 2ª Clínica Médica no Hospital das Clínicas, em São Paulo. Por mais de vinte anos, exerceu sua atividade no Hospital do Servidor Público Estadual (SP), onde colaborou na implantação do Centro Geriátrico.

Concluiu pós-graduação em Administração da Saúde e Hospitalar na Fundação Getúlio Vargas.

Foi agraciado com títulos honoríficos pela atuação médica, como a Comenda Colar Gran Cruz Mérito da Medicina e Irmão Remido da Santa Casa de Misericóridia de São Paulo. Recebeu também os títulos de Comendador pela Soberana Ordem D. Pedro I e, recentemente, "Amigo da Marinha".

Participa regularmente de congressos da sua especialidade no Brasil e Exterior, tem proferido palestras sobre prevenção de doenças do envelhecimento, e publica regularmente textos de divulgação relativos a terceira idade.

É Presidente do "Clube dos 21 Irmãos Amigos" (2004-2006), voltado à divulgação de cultura brasileira. Foi fundador e Presidente do Rotary Club Bela Vista, onde desenvolveu serviços à comunidade, depois foi convidado a ingressar no Rotary Club de São Paulo, onde presidiu a Comissão de Valorização do Idoso, e se dedica, atualmente, a projetos de saúde e terceira idade. Foi Governador- Assistente em 2003-2004.

Contato com o autor:

lvfreita@uol.com.br